어린이 수학동아

contents

표지이야기
"냠냠~. 여러분, 안녕!"
네몽이 나무 놀이터에 앉아 꿀을 맛있게 먹고 있네요. 동물 친구들도 놀러 왔고요. 그런데 이 놀이터엔 특별한 비밀이 있답니다. 바로 이 모든 게 '네몽의 꿈'에서 시작됐다는 거예요. 네몽의 꿈이 궁금하다면 10쪽으로~!

10

이야기로 담는 여수잼

네몽의 꿈은 현실이 된다!

44

퍼즐 마법학교

콰드라 족을 피해라!

숫자로 보는 뉴스

06 사우디아라비아에 황금 정육면체가 생긴다?

수학 개념 완전정복!

- **04** 수학 교과 단원맵
- **08** 어수티콘
  평행
- **18** 수콤달콤 연구소
  '넓이'가 더 큰 수영장을 찾아라!
- **22** 꿀꺽! 생활 속 수학 한 입
  테트리스 게임 대탈출
- **48** 수학 궁금증 해결! 출동, 슈퍼M
  정육면체가 아닌 주사위는 없나요?
- **76** 똥손 수학체험실
  앗, 이게 모두 사각형? 픽셀 아트의 세계
- **80** 옥톡과 달냥의 우주탐험대
  제임스 웹 우주망원경과 용골자리 성운
- **82** 수학 플레이리스트

진짜 재밌는 수학만화

- **26** 놀러와! 도토리 슈퍼
  가게에 사람이 없다?!
- **36** 헬로 매스 지옥 선수촌
  달밤에 빈 호야의 소원
- **52** 수리국 신한지의 비밀
  마방진의 비밀
- **58** 인공지능 로봇 마이보2
  반격의 시간!
- **68** 요리왕 구단지
  요리 천재 영민의 등장
- **84** 우당탕탕 수학 과몰입러
  어김없이 시작된 사각형 찾기

수학 교과 단원맵

8호 도형 사각형

이번 호 <어린이수학동아>가 초등 수학 교과의 어느 단원과 연결되는지 확인해 보세요. 어수동을 재밌게 읽는 동안 수학의 기초가 튼튼해져요!

	1학년 1학기	1학년 2학기	2학년 1학기	2학년 2학기	3학년 1학기	3학년 2학기	4학년 1학기	4학년 2학기	5학년 1학기	5학년 2학기	6학년 1학기	6학년 2학기
수와 연산	9까지의 수; 덧셈과 뺄셈; 50까지의 수	100까지의 수; 덧셈과 뺄셈①; 덧셈과 뺄셈②; 덧셈과 뺄셈③	세 자리 수; 덧셈과 뺄셈; 곱셈	네 자리 수; 곱셈구구	덧셈과 뺄셈; 나눗셈; 곱셈; 분수와 소수	곱셈; 나눗셈; 분수	큰 수; 곱셈과 나눗셈	분수의 덧셈과 뺄셈; 소수의 덧셈과 뺄셈	자연수의 혼합 계산; 약수와 배수; 약분과 통분; 분수의 덧셈과 뺄셈	분수의 곱셈; 소수의 곱셈	분수의 나눗셈; 소수의 나눗셈	분수의 나눗셈; 소수의 나눗셈
규칙성				규칙 찾기			규칙 찾기		규칙과 대응		비와 비율; 여러 가지 그래프	비례식과 비례배분
도형	여러 가지 모양	여러 가지 모양	여러 가지 도형		평면도형	원	각도; 평면도형의 이동	삼각형; 사각형; 다각형	다각형의 둘레와 넓이	합동과 대칭; 직육면체	각기둥과 각뿔; 직육면체의 부피와 겉넓이	공간과 입체; 원의 넓이; 원기둥, 원뿔, 구
측정	비교하기	시계 보기와 규칙 찾기	길이 재기	길이 재기; 시각과 시간	길이와 시간	들이와 무게			수의 범위와 어림하기			
자료와 가능성			분류하기	표와 그래프		자료의 정리	막대 그래프	꺾은선 그래프		평균과 가능성		

교과서랑 같이 봐요!

네몽의 꿈은 현실이 된다!

| 4-2 사각형 | ▶수직을 알아볼까요
▶평행을 알아볼까요
▶사다리꼴을 알아볼까요
▶평행사변형을 알아볼까요
▶마름모를 알아볼까요
▶여러 가지 사각형을 알아볼까요 |

10p

테트리스 게임 대탈출

| 3-1 평면도형 | ▶정사각형을 알아볼까요 |
| 4-1 평면도형의 이동 | ▶평면도형을 밀어 볼까요
▶평면도형을 뒤집고 돌려 볼까요 |

22p

정육면체가 아닌 주사위는 없나요?

| 4-2 다각형 | ▶변의 길이와 각의 크기가 모두 같은 다각형을 알아볼까요 |
| 5-2 직육면체 | ▶정사각형 6개로 둘러싸인 도형을 알아볼까요 |

48p

앗, 이게 모두 사각형? 픽셀 아트의 세계

| 5-1 다각형의 둘레와 넓이 | ▶1cm²를 알아볼까요
▶직사각형의 넓이를 구해 볼까요 |
| 5-2 합동과 대칭 | ▶도형의 합동을 알아볼까요 |

76p

함께 생각해 봐요!

- ☑ 평행선은 아무리 길게 늘여도 절대 만나지 않는다는 걸 어떻게 알 수 있을까요?
- ☑ 정사각형을 평행사변형이라고 불러도 괜찮을까요? 사각형을 종류에 따라 다른 이름으로 부르는 이유는 뭘까요?
- ☑ 주변에서 사각형인 것을 찾아보고, 정사각형, 직사각형, 마름모, 평행사변형, 사다리꼴 중에서 어디에 해당하는지 말해보세요. 어떤 사각형이 가장 많은가요? 왜 그럴까요?

- ☑ 정사각형 외에 다른 사각형을 이어 붙인 모양도 그려 보세요.
- ☑ 여러 가지 사각형을 뒤집고 돌린 모양을 관찰해 보세요.
- ☑ 테트리스 게임을 잘하는 나만의 비법이 있나요? 정사각형이 아닌 정육면체로 만드는 3D 테트리스 게임도 즐겨 보세요.

- ☑ 보통 주사위는 정육면체 모양이지만, 주령구처럼 독특한 모양인 경우도 있지요. 내가 주사위를 만든다면 어떤 모양으로 만들고 싶나요?
- ☑ 벌칙과 보상이 적힌 주사위를 직접 만든다고 생각해 봐요. 내가 원하는 보상이 나올 확률이 높은 주사위를 만들려면 어떤 모양이 좋을까요?

- ☑ 컴퓨터, 텔레비전, 스마트폰 등의 화면은 정사각형 모양의 픽셀로 이뤄져 있어요. 그런데 우리 눈에는 화면 속 사진이나 그림이 실제와 똑같이 자연스러워 보이는 이유는 뭘까요?
- ☑ 가로·세로 길이가 1cm인 정사각형이 몇 개 들어가는지 알면 넓이를 구할 수 있어요. 직사각형, 평행사변형, 사다리꼴, 마름모의 넓이는 어떻게 알 수 있을까요?

숫자로 보는 뉴스

글 장경아 객원기자 **진행** 최송이 기자(song1114@donga.com) **디자인** 오진희 **사진** GIB, NMDC

사우디아라비아에 황금 정육면체가 생긴다?

400m ---- 400m

400m

사우디아라비아가 지으려는 정육면체 모양의 건축물 '무카브'는 가로, 세로 높이가 각각 400m에 달해요.

#정사각형 #정육면체 #무카브 #사우디아라비아

사우디아라비아가 수도★인 리야드에 거대한 정육면체 모양의 건축물 '무카브(The Mukaab)'를 2030년까지 짓겠다고 발표했어요. '무카브'는 아랍어로 '새로운 정육면체'라는 뜻이지요. 정육면체는 6개의 면이 모두 똑같은 정사각형으로 이뤄진 입체도형이에요.

무카브를 짓겠다는 계획을 세운 사람은 사우디아라비아의 왕세자인 무함마드 빈 살만이에요. 빈 살만 왕세자가 세운 '뉴 무라바 개발 회사(NMDC)'에 따르면, 무카브는 가로 400m, 세로 400m, 높이 400m의 크기로 지어질 예정이에요. 미국 뉴욕의 상징이자 초고층 건물인 '엠파이어 스테이트 빌딩'의 높이가 381m인데, 이 건물이 무려 20채나 들어갈 정도로 넓은 공간이지요.

무카브 안에는 주민들이 살 수 있는 시설 10만 4000여 개, 호텔 객실 9000여 개, 다양한 상점과 병원, 박물관, 극장, 대학교 등이 생길 예정이에요. 무카브는 단순히 하나의 건물이 아닌, 거대한 정육면체 모양의 도시인 셈이지요.

그런데, 빈 살만 왕세자의 계획이 실제로 이뤄지기는 불가능하다고 보는 사람도 있어요. 빈 살만 왕세자는 이미 서울시의 약 44배 크기의 새로운 도시인 '네옴시티'를 짓겠다고 발표했는데, 대형 건축물인 무카브까지 추가로 지으려면 엄청난 비용이 필요하기 때문이지요. ⓜ

용어 설명

수도★ 한 나라의 중앙 정부가 있는 도시를 말해요. 우리나라의 수도는 서울이에요.

381m

높이가 381m인 엠파이어 스테이트 빌딩의 모습이에요. '무카브'는 이 건물이 20채나 들어갈 정도로 거대하지요.

어수티콘 사전
어린이 수학 이모티콘 사전

"안 불편해?"

"난 이게 **평행**!"

나란히 놓인 두 막대가 대화를 나누고 있어요. 위쪽에 있는 막대가 불편하지 않냐고 묻는데, 아래쪽에 있는 막대는 제가 매달려 있는데도 싱글벙글 웃고 있네요. 정말 불편하지 않은 걸까요?

글 최송이 기자(song1114@donga.com) **일러스트** 밤곰
#수학용어 #수학개념 #이모티콘 #평행 #평행선

영원히 만나지 않아!

어수동 아래에 있는 막대는 "난 이게 평행"이라고 말하고 있네요?

 제가 매달려 있어도 편하다는 의미인 것 같아요. 또, 두 막대가 서로 '평행'한 상태이기도 하고요! 아무리 길게 늘여도 서로 만나지 않는 두 직선을 평행하다고 하거든요. 평행하지 않은 두 직선은 양쪽으로 계속 늘이면 어느 한쪽에서 만나지만, 평행한 두 직선은 절대 만나지 않아요.

어수동 절대 만나지 않는다고요?

 네! 기찻길처럼요. 기차가 달리는 두 선은 서로 평행해요. 이 두 직선이 서로 만나면 기차는 더 이상 갈 수 없게 되지요. 이처럼 서로 평행한 두 직선을 '평행선'이라고 해요.

어수동 그렇군요! 그럼 평행한 두 직선 사이의 간격은 변하지 않겠네요?

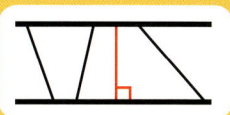 맞아요. 평행한 두 직선 사이의 간격을 '평행선 사이의 거리'라고 하는데, 이는 항상 같아요. 평행선 사이의 거리는 두 평행선에 수직인 선분의 길이와 같지요. 두 평행선 사이에 여러 개의 선분을 그어 길이를 비교해 봐요. 두 평행선에 수직인 선분의 길이가 가장 짧답니다.

독자들의 어수티콘과 삼행시를 소개합니다!

두 평행사변형이 "너랑 나랑 평행이야!"라고 말하며 평행선의 양쪽에 서 있어요.

이다은(jsc1114)

평 평평한 평행사변형에는
행 행실이 바른 평행한 직선 두 쌍이
행복하게 살고 있답니다!

정승미(kbkb05)

나만의 수학 용어 이모티콘과 3행시를 만들어 주세요!

+ 놀이북 6쪽, 23쪽과 함께 보세요!

이야기로 냠냠
어수잼

네몽의 꿈은 현실이 된다!

글 최송이 기자(song1114@donga.com) **디자인** 김은지 **일러스트** 서정선
#수직 #평행 #사각형 #사다리꼴 #평행사변형 #마름모

"하암~. 어라? 방금까지 엄청나게 멋진 나무 놀이터에서 놀고 있었는데….
다 꿈이었던 거야?"

숲속 마을에 사는 네모난 곰 '네몽'은 나무 놀이터에서 신나게 놀던 것이 꿈이었다는 사실을 깨닫고 실망했어요. 그러다 문득, 꿀벌 요정 '비요'가 떠올랐지요. 비요가 요술 스케치북에 그림을 그리면, 그림으로 그린 것이 실제로 만들어지거든요.

"비요~! 나, 꿈속에서 본 멋진 나무 놀이터를 만들고 싶어. 나를 도와주지 않을래?"

비요는 흔쾌히 알겠다고 대답하고는, 스케치북에 평평한 땅과 곧게 뻗은 나무를 그렸어요.

"안전한 나무 놀이터를 만들려면, 먼저 나무가 땅에 대해 수직이 되도록 해야 해. 두 직선이 만나서 이루는 각이 직각일 때 두 직선은 서로 수직이라고 해. 평평한 땅과 일자로 뻗은 나무에 그은 두 직선은 서로 수직이야."

비요가 그림을 완성하자, 굽어 있던 네몽의 나무가 땅과 수직이 되었어요.

두 직선이 수직일 때, 한 직선은 다른 직선에 대한 '수선'이라고 해. 수선은 '수직인 직선'의 줄임말이거든!

직선 ❶에 대한 수선
직선 ❷에 대한 수선

"끄앙! 그네 줄이 기울어져서 제대로 탈 수 없어! 줄 사이의 간격도 너무 좁아!"

네몽은 비요의 스케치북에 나무 그네를 직접 그렸어요. 그런데, 네몽이 그림을 잘못 그렸나 봐요. 완성된 그네는 도저히 탈 수가 없었지요. 비요는 스케치북을 다음 장으로 넘기면서 말했어요.

"안전하게 그네를 타려면 그네의 두 줄이 서로 평행이어야 해. 아무리 길게 늘여도 서로 만나지 않는 두 직선을 평행하다고 하고, 평행한 두 직선을 '평행선'이라고 하지."

비요는 스케치북 속 나뭇가지 아래에 삼각자 2개를 놓은 후 한 삼각자를 고정하고, 다른 삼각자를 움직여 두 평행선을 그었지요. 그런 다음 '평행선 사이의 거리는 1m'라고 적었어요. 그러자 네몽도 편하게 앉을 수 있는 안전한 그네가 완성됐어요!

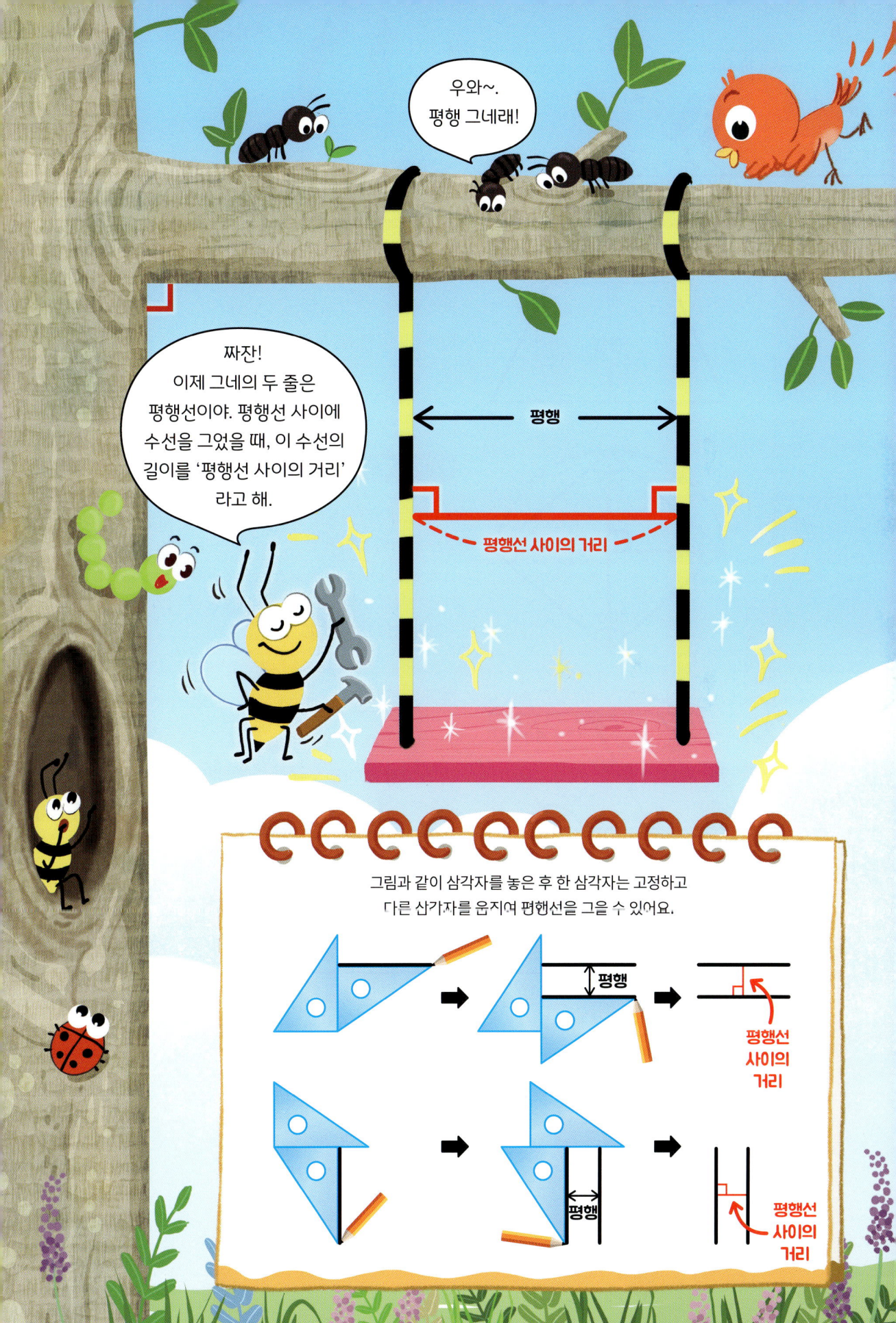

사다리꼴

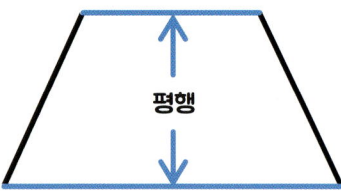

평행한 변이 한 쌍이라도 있는 사각형이에요.

마름모

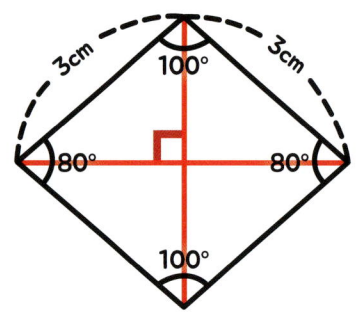

네 변의 길이가 모두 같은 사각형이에요. 마주 보는 두 각의 크기가 같고, 마주 보는 두 변이 서로 평행하지요. 마주 보는 꼭짓점끼리 이은 선분이 서로 수직으로 만나요. 이웃한 두 각의 크기의 합은 180°예요.

평행사변형

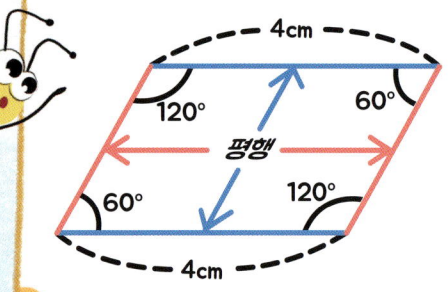

마주 보는 두 쌍의 변이 서로 평행한 사각형이에요. 마주 보는 두 변의 길이가 같고, 마주 보는 두 각의 크기도 같지요. 이웃한 두 각의 크기의 합은 180°예요.

비요의 스케치북 덕에, 나무 위에 집이 생기고 숲속 마을의 동물 누구나 올라올 수 있는 사다리까지 뚝 딱 완성됐어요.

"이제 지붕과 창문, 대문만 그리면 집이 완성돼. 어떤 모양으로 만들어줄까? 여기에 그려진 사각형 중에서 골라 봐!"

네몽은 비요가 스케치북에 그린 사각형 모양을 한참 동안 바라보며 고민했어요.

지붕은 사다리꼴로 만드는 게 좋겠어! 윗변과 아랫변은 서로 평행하지만 길이는 서로 다르게 만들고 싶어.

사다리꼴 지붕

마름모 창문

평행사변형 대문

"창문은…, 마름모 모양이면 어떨까? 대신 3개의 창문이 각각 다르게 생겼으면 좋겠어. 대문은 마주 보는 두 변이 서로 평행하고 길이도 같은 평행사변형 모양으로 할래!"

네몽이 말하자, 비요는 스케치북에 사다리꼴, 마름모, 평행사변형을 그리면서 대답했지요.

"좋은 생각이야. 마름모 창문은 한 변의 길이를 각각 다르게 그려서 모양을 다르게 할게."

비요가 그림을 완성하자, 네몽의 꿈에 나온 것보다 훨씬 멋진 놀이터가 완성됐어요.

"와아~! 드디어 꿈에 그리던 놀이터를 갖게 됐어! 비요, 고마워!"

이제 표지판을 만들 차례예요. 네몽은 "사다리꼴 표지판이 갖고 싶어!"라고 말했지요. 지붕과 비슷한 모양의 표지판이 갖고 싶었거든요. 그런데, 비요가 난감하다는 듯 대답했어요.

"음…. 그런데, 사실 여기에 있는 표지판은 모두 사다리꼴이라고 할 수 있어."

"응? 그게 무슨 소리야?"

"평행한 변이 한 쌍이라도 있는 사각형을 사다리꼴이라고 하잖아. 여기 있는 모든 표지판은 모두 평행한 변이 적어도 한 쌍은 있거든. 그러니까, 평행사변형, 마름모, 직사각형, 정사각형은 모두 사다리꼴이라고도 할 수 있는 셈이야."

네몽이 표지판을 찬찬히 살펴보더니 말했어요.

"사다리꼴은 평행한 변이 적어도 한 쌍인 사각형이야. 그러니까 평행사변형처럼 평행한 변이 두 쌍 있어도 사다리꼴이라고 할 수 있는 거지."

조건 하나만 맞아도 사다리꼴이네!

	사다리꼴	평행사변형	마름모	직사각형	정사각형
한 쌍의 변이 평행함	○	○	○	○	○
두 쌍의 변이 평행함		○	○	○	○
모든 변의 길이가 같음			○		○
모든 각이 직각임				○	○

정사각형 되는 게 가장 어렵군!

"정말이네! 마름모, 직사각형, 정사각형은 마주 보는 두 쌍의 변이 서로 평행하니까 평행사변형이라고 할 수 있어. 그리고 네 변의 길이가 같은 정사각형도 마름모라고 할 수 있지. 마름모 중에서도 네 변의 길이가 모두 같고 네 각이 모두 직각인 사각형이 정사각형인 거야."

"맞아! 네몽, 금세 사각형 박사가 됐는걸?"

비요가 칭찬하자, 네몽이 쑥스러워하며 대답했어요.

"다 비요 네 덕분이야. 고마워! 너를 위해 커다란 꿀통을 준비했어."

비요는 기쁜 마음으로 네몽의 선물을 받았어요. 네몽은 비요가 준 표지판에 '네몽의 네모 놀이터'라고 적었지요. 네몽과 비요는 네모 놀이터에서 함께 놀며 둘도 없는 친구가 되었답니다.

네몽은 어떤 표지판을 골랐을까요? 놀이북 6쪽에서 확인하세요!

멋진 사각형이 가득한 네몽 놀이터!

'넓이'가 더 큰 수영장을 찾아라!

수콤과 달콤이 수영장에 놀러 왔어요. 수콤 수영장과 달콤 수영장 중 더 넓은 곳은 어디일까요? 모양이 다른 직사각형의 크기를 비교해보고, 직사각형의 넓이 구하는 법도 알아봐요.

글 어린이수학동아 **디자인** 오진희 **일러스트** 허경미

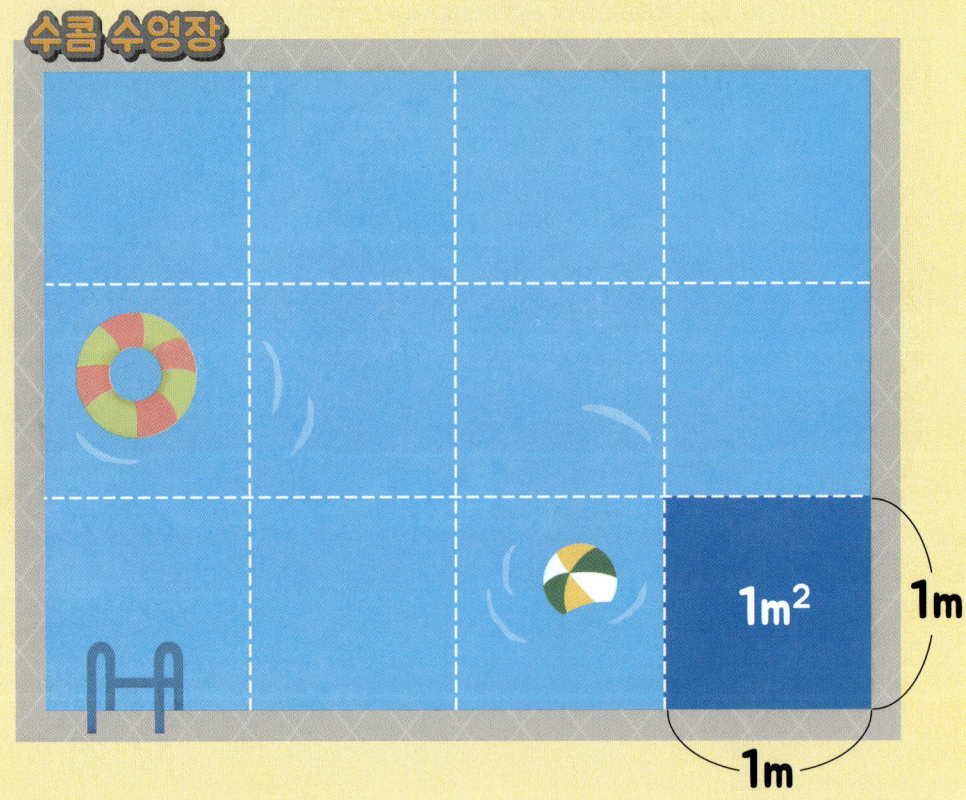

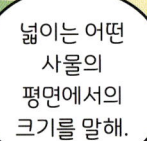
넓이는 어떤 사물의 평면에서의 크기를 말해.

수콤 비법

직사각형의 넓이를 구하기 위해선 한 변의 길이가 1m인 정사각형이 몇 개 들어갔는지 세 보면 돼요. 한 변의 길이가 1m인 정사각형의 넓이는 $1m^2$(제곱미터)로 나타내요. $1m^2$는 넓이를 재는 단위가 되지요. 수콤 수영장은 $1m^2$ 정사각형 12개가 들어가네요. 수콤 수영장의 넓이는 $12m^2$라는 걸 알 수 있어요.

수콤달콤 연구소는 어린이들이 '쓴맛'으로 꼽은 초등수학 내용을 달콤하게 바꿔드려요.

핵심 연구원

연구소장 수콤
'수학을 달콤하고 맛있게 만들기'가 목표인 허당 소장이에요.

수학 요리사 달콤
어떤 수학도 달콤하게 만드는 달인이에요.

달콤 수영장

달콤 수영장은 가로 3m, 세로 5m이니 넓이가 15m²야!

달콤 비법

크기가 큰 직사각형의 넓이를 구할 때 1m²가 몇 번 들어가는지 세는 방법은 번거롭고 시간이 오래 걸려요. 더 쉬운 방법은, 한 변의 길이가 1m인 정사각형이 가로와 세로에 몇 개 있는지 확인하는 거예요. (가로의 길이)×(세로의 길이)를 계산하면 되지요.

5m

3m

꿀꺽! 생활 속 수학 한입

테트리스 게임 대탈출

테트리스 게임 세계 속에 갇혀버린 박 기자! 게임에서 탈출하는 방법은 테트리스 게임에서 승리하는 것뿐이죠. 박 기자가 테트리스 게임에서 이길 수 있도록 여러분이 도와주세요!

글 박건희 기자(wissen@donga.com) **디자인** 오진희 **일러스트** GIB
참고 Gautham Daya, 'Pentominoes' (At Right Angles Vol 3, No.2, 2014)
#사각형 #펜토미노 #테트리스 #게임

구해줘~!

박건희 기자

작전명 : 블록을 맞춰 줄을 없애라!

테트리스는 위에서 떨어지는 7가지 블록을 쌓아 한 줄씩 없애는 게임이에요. 블록이 빈틈없이 꽉 차서 평평해진 줄은 지워져요. 테트리스의 블록은 정사각형 4개를 이리저리 붙인 모양이지요.

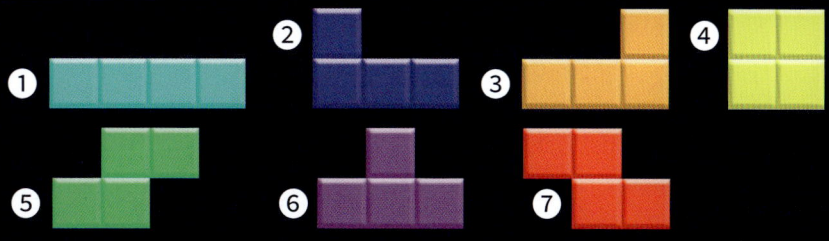

게임을 시작하면 위쪽에서 블록이 한 개씩 내려와요. 블록은 맨 아랫줄부터 쌓이고, 블록이 아랫줄에 닿기 전까지 블록을 어디에, 어떤 모양으로 놓을지 정할 수 있어요. 블록이 일단 줄에 닿으면 모양을 바꿀 수 없지요. 블록은 시계 방향으로 90°씩 회전할 수 있어서, 내가 채우고 싶은 빈틈에 맞게 돌리면 돼요. 위에서 내려오는 블록의 순서는 정해져 있지 않아요. 다음에 나올 블록이 무엇인지 보여주는 작은 칸을 보며 전략을 짜야 하지요.

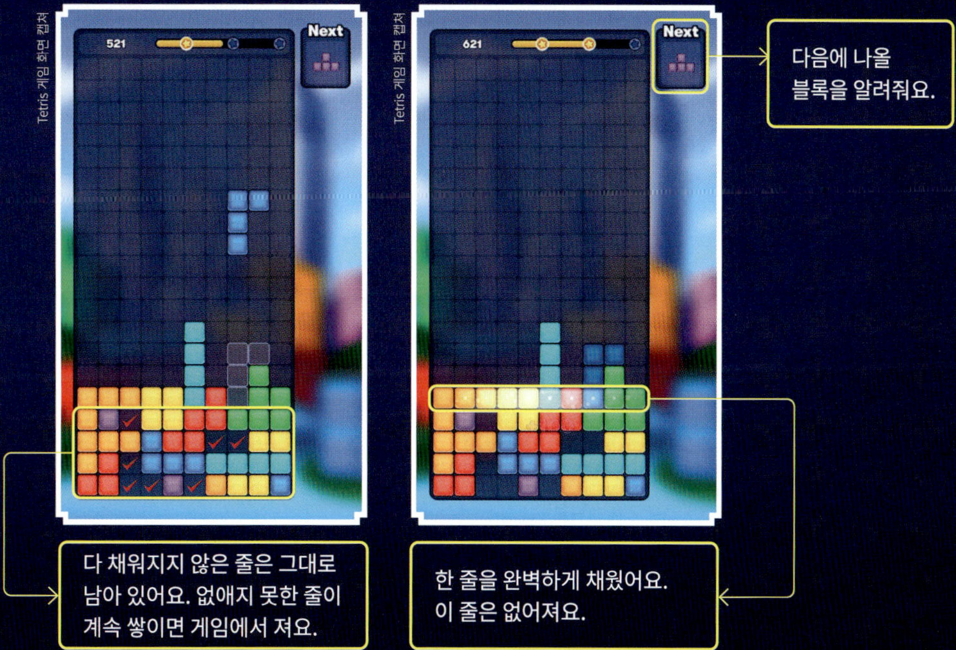

다음에 나올 블록을 알려줘요.

다 채워지지 않은 줄은 그대로 남아 있어요. 없애지 못한 줄이 계속 쌓이면 게임에서 져요.

한 줄을 완벽하게 채웠어요. 이 줄은 없어져요.

테트리스의 유래는 펜토미노

테트리스 게임은 1984년 소련(현재의 러시아)의 컴퓨터 개발자였던 알렉스 파지노프가 처음 만들었어요. 파지노프는 '펜토미노'라는 오래된 정사각형 조각 맞추기 놀이에서 영감을 얻었지요.

펜토미노는 정사각형 5개로 이뤄진 조각 12개를 이리저리 끼워 직사각형을 만드는 놀이예요. 각 도형 조각은 회전하거나 뒤집을 수 있고, 회전하거나 뒤집은 조각과 원래 조각은 서로 같은 모양으로 생각해요.

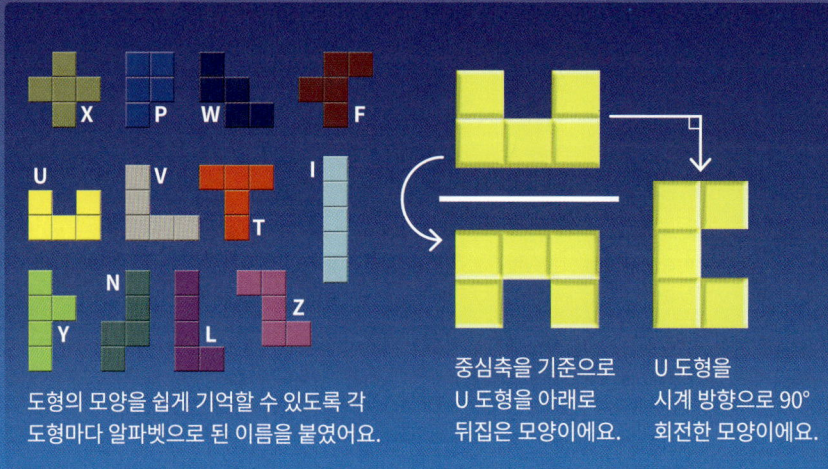

도형의 모양을 쉽게 기억할 수 있도록 각 도형마다 알파벳으로 된 이름을 붙였어요.

중심축을 기준으로 U 도형을 아래로 뒤집은 모양이에요.

U 도형을 시계 방향으로 90° 회전한 모양이에요.

12개의 조각으로 만들 수 있는 직사각형은 아래 그림과 같이 네 종류예요. 원래의 조각을 어떻게 돌리고 뒤집어서 이어 붙였는지 확인해 보세요.

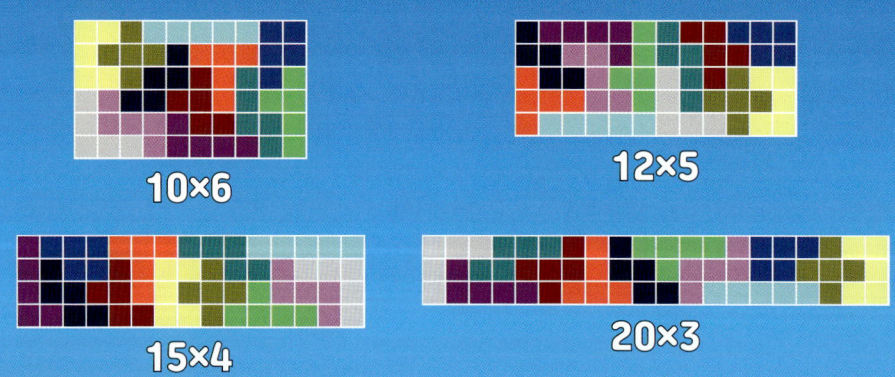

10×6

12×5

15×4

20×3

테트리스 게임 필승 전략은?

테트리스 게임 세계에 갇힌 박 기자를 구하려면 다음 두 게임에서 이겨야 해요. 이미 쌓여있는 블록과 위에서 내려오는 블록의 모양을 비교해보고, ①~③ 중 어디에 블록을 끼워 넣어야 할지 선택하세요. 단, 회전하고 뒤집을 수도 있는 펜토미노 블록과 달리 테트리스 블록은 90°씩 회전만 할 수 있다는 사실도 잊지 마세요.

Q ①~③ 중 어디로 도형을 움직여야 할까요? 도형을 회전했다면 몇 번 회전 했나요?

A: B:

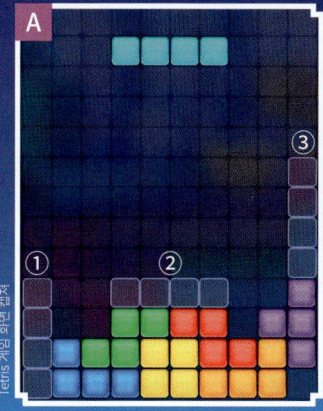 

테트리스 게임 꿀팁!

❶ 블록이 회전하는 순서를 외워요. 블록을 몇 번 돌려야 내가 원하는 모양이 되는지 빠르게 판단할 수 있지요.

❷ ▭▭▭▭ 모양 블록이 들어갈 공간만 남기고 옆 칸을 모두 채워두면, ▭▭▭▭ 모양 블록이 나왔을 때 줄 4개를 한 번에 없앨 수 있어요. 이걸 '콤보'라고 해요.

❸ 지금 내려오는 블록과 다음 블록의 모양을 동시에 확인해요. 지금 블록을 어디에 놓아야 좋을지 판단하는 데 도움이 돼요.

야호! 탈출!

- 가게에 사람이 없다?! -

글·그림 소노수정 콘텐츠 박건희 기자(wissen@donga.com)

정솜 | 세계여행을 떠난 할머니의 뒤를 이어 도토리 슈퍼를 운영하게 된, 도토리 숲 최초의 초등학생 사장!

정민구 | 솔잎초등학교 인기스타. BTS 지민을 닮아서(?) 별명은 '지민구'. 솜의 동생으로 함께 도토리 슈퍼를 운영한다.

최가을 | 솜의 가장 친한 친구. 수학을 좋아하는 '수학 천재'이자 '일잘러'(일 잘하는 사람)로 활약한다.

 소노수정 작가 제주도에서 다육식물과 함께 살고있는 소노수정입니다. 마음꽃에서 '황당교실'을 연재중이며, 지은 만화책으로는 <마인드스쿨14-채소는 정말 싫어!>, 다육식물만화 <다육해줘>가 있어요!

 하성호 작가 — 제주도에서 만화를 그리며 가끔 강의도 하고 있습니다. 좋아하는 것은 운동과 캠핑입니다.

빠른 달리기, 장대 각도가 중요해요!

일반 달리기 종목뿐만 아니라, 장대 높이뛰기에서도 달리기는 매우 중요해요. 선수는 멀리에서부터 가능한 빠르게 달려와 힘차게 발을 구르고, 장대를 땅에 꽂아요. 이때 달리면서 생긴 빠른 속도가 선수의 몸과 장대를 위쪽으로 들어올리는 힘으로 바뀌지요.

또, 장대를 꽂을 때는 장대와 바닥 사이의 각도가 30°보다 작아야 해요. 장대는 선수를 들어올리며 60° 이상을 이동하거든요. 장대가 바닥과 **수직**인 상태, 즉 90°로 올라갔을 때 선수는 가장 높은 곳에 올라요. 이때 장대를 놓고 몸을 틀면서 바를 넘어가는 거예요.

수직* 두 직선이 만났을 때 직각을 이루는 상태를 말해요.

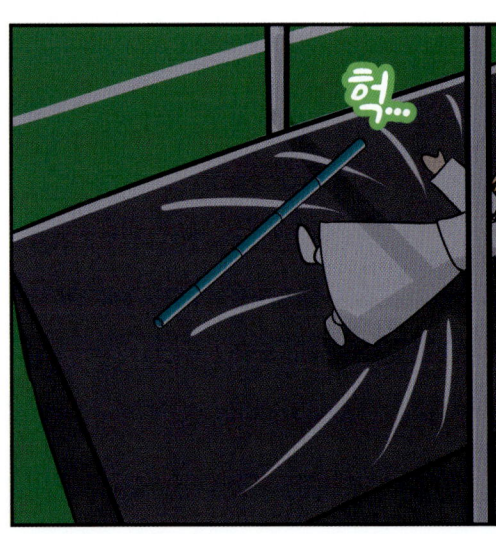

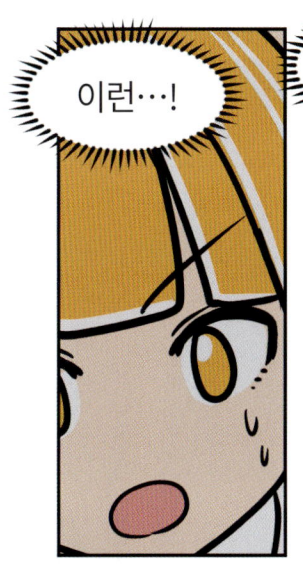

호야의 노력, 그리고 돌아온 대롱이! 선발전이 기대되는걸!

그림마다 한 개씩 숨어있는 숫자도 찾아봐!

콰드라 족을 찾아라!

우린 델타 마을의 시내로 들어왔어. 주말 장터가 한창인 이곳에도 아마 콰드라 족이 숨어 있겠지. 콰드라 족을 피해 가려면 먼저 그들의 생김새를 알아야 해. 삼각형 마법사들의 말에 따르면, 그들의 코는 다양한 사각형 모양이래. 그리고 자신의 코와 같은 모양의 목걸이를 하고 있지.

콰드라 족의 모습을 한 마법사들을 모두 찾아 표시하라. 콰드라 족의 코는 4개의 변과 4개의 각으로 이뤄진 사각형이다.

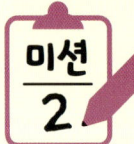

공짜는 놓칠 수 없지!

'꼬르륵~.' 분더의 뱃속에서 나는 소리였어. 맞아, 우린 먼 길을 오는 내내 제대로 식사하지 못했거든. 그때, 사람들이 웅성거리며 몰려있는 진열대가 눈에 들어왔어. 진열대에 '퀴즈를 맞히면 과자가 공짜!'라고 써 있지 뭐야? 이건 놓칠 수 없지!

진열대에 놓인 납작한 과자 중에서 가장 넓이가 넓은 것은 무엇일까? 과자는 모두 직사각형이고, 직사각형의 넓이는 '가로의 길이 × 세로의 길이'(cm^2★) 이다.

cm^2★ 평면도형의 넓이를 나타내는 단위예요. 제곱센티미터라고 읽지요. 한 변의 길이가 1cm인 정사각형의 넓이는 $1cm^2$예요.

"저요, 저요!"

나는 군중을 뚫고 진열대 앞으로 뛰어 들어갔어. 정답을 얼른 맞혀서 분더와 힘멜에게 맛있는 과자를 주고 싶었거든. 분더와 힘멜도 얼른 뒤따라왔지. 난 힘껏 정답을 외쳤어.

"…맞죠?!"

그때였을까? 우리 일행을 본 빵집 주인의 눈이 순간적으로 '번쩍' 빛나는 것 같았어. 두꺼운 망토를 뒤집어쓰고 있었기 때문에 얼굴이 잘 보이진 않았지.

'빵집 주인치곤 복장이 특이하네'라고 생각하며 가게 주인의 대답을 기다리는데, 그가 내게 가까이 다가오라는 듯 손짓했어. 가까이 갔더니, 그가 속삭이듯 말했지.

"아주 잘했어요…. 과자는 가게 안에서 나눠주니까 친구들과 함께 잠깐 들어와요."

와, 역시 정답일 줄 알았어! 우린 신나게 가게 안으로 들어갔어. 그런데…, 갑자기 가게 문이 '쾅'히고 닫혔어. 그리고 우리 앞에 나타난 건…, 맙소사! 바로 콰드라 족이었어!

아뿔싸, 콰드라 족의 함정에 빠졌어! 9호에서 계속

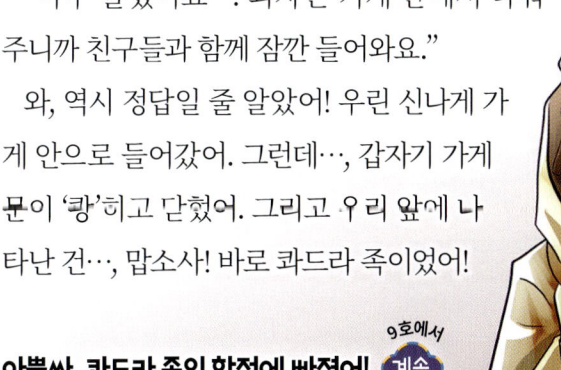 

정육면체가 아닌 주사위는 없나요?

저는 보드게임을 좋아해요. 보드게임을 할 때 주사위를 자주 사용하는데, 그럴 때마다 궁금한 점이 있어요. 주사위는 왜 대부분 정육면체* 모양인가요? 다른 모양 주사위는 왜 사용하지 않는 걸까요?

글 장경아 객원기자 진행 최송이 기자(song1114@donga.com) 디자인 김은지 일러스트 김태형 사진 GIB, 국립민속박물관
#슈퍼M #생활수학 #정육면체 #정다면체

용어 설명

정육면체* 같은 크기의 정사각형 6개로 둘러싸인 입체도형을 말해요.

이런 모양 주사위도 있다!

주사위는 모두 정육면체라고 생각하겠지만, 정육면체가 아닌 주사위도 있어요. 슈퍼M이 그 진실을 밝혀줄게요!

1975년, 경북 경주시에 남아있는 신라 시대 때의 궁궐 터 '동궁과 월지'에서 참나무로 만든 주사위가 발견되었어요. 이 주사위의 이름은 '주령구'예요.

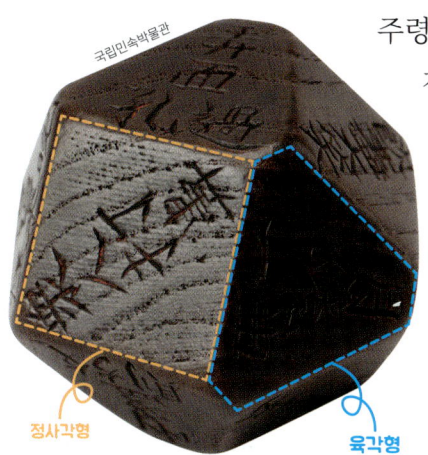

주령구는 정사각형 면 6개와 육각형 면 8개로 이뤄진 14면체 주사위예요. 현재는 복제품(본래의 물건을 본떠 만든 것)만 남아있어요.

주령구는 오늘날의 주사위와는 생김새와 특징이 달라요. 우리가 자주 사용하는 주사위는 크기가 같은 정사각형 6개로 이뤄져 있어서 1부터 6까지 중 특정 숫자가 나올 확률★이 각각 $\frac{1}{6}$이에요. 그런데 주령구는 정사각형 6개, 육각형 8개로 이뤄진 14면체예요. 정사각형과 육각형 면은 모양은 서로 다르지만 그 넓이는 비슷해요. 주령구를 던졌을 때 어떤 한 면이 나올 확률은 $\frac{1}{14}$이지요.

오늘날 주사위와 주령구의 다른 점은 또 있어요. 정육면체 주사위에는 1부터 6까지의 수가 표시되어 있지만, 주령구에는 숫자 대신 글자가 적혀 있거든요. '노래 없이 춤추기', '얼굴을 간지럽히며 놀려도 참기', '시 한 수 읊기' 등의 내용이지요. 주령구를 굴려서 나온 내용을 벌칙으로 삼으며 놀이를 즐겼던 거예요. 신라 시대의 귀족들도 우리처럼 주사위를 가지고 놀았다니, 정말 재미있지요?

용어 설명

확률★ 어떤 일이 일어날 수 있는 가능성의 정도를 수로 나타낸 것을 말해요. 어떤 일이 일어날 확률이 $\frac{1}{6}$이라면, 6번 중 1번은 그 일이 일어날 수 있다는 의미예요.

주사위는 왜 정육면체일까?

주사위는 왜 정육면체로 만들었을까요? 다른 입체도형으로는 주사위를 만들 수 없을까요? 슈퍼M과 함께 알아봐요.

주사위는 던져서 윗면에 나오는 숫자에 따라 승리와 패배를 정할 수 있는 놀이 도구예요. 주사위를 던졌을 때 어떤 한 면이 나타나는 확률이 똑같아야, 게임을 하는 동안 주사위 수가 고르게 나오지요. 만약 어떤 숫자만 계속 나온다면 재미가 없을 거예요. 그래서 주사위를 만들 때는 어떤 면이 윗면으로 나타나는 확률이 언제나 같도록 해야 해요. 그러려면 주사위가 바닥에 닿을 때의 넓이가 언제나 같아야 하지요. 주사위를 이루는 모든 면의 모양과 넓이가 같아야 하는 거예요.

모든 면이 똑같은 도형으로 이뤄진 입체도형을 '정다면체'라고 해요. 정다면체는 정사면체, 정육면체, 정팔면체, 정십이면체, 정이십면체의 다섯 종류가 있어요.

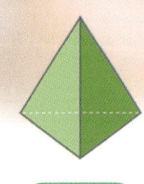

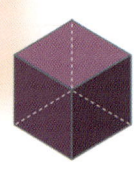
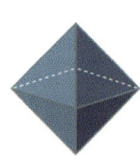

정사면체   정육면체   정팔면체   정십이면체   정이십면체

정사면체는 정삼각형 4개로 이뤄진 입체도형이에요. 정육면체는 정사각형 6개, 정팔면체는 정삼각형 8개로 이뤄져 있지요. 정십이면체는 정오각형 12개, 정이십면체는 정삼각형 20개로 이뤄져 있고요.

정다면체로 주사위를 만든다면, 주사위를 이루는 모든 면의 넓이가 같으므로 각 면이 나올 확률은 항상 같아요.

정다면체	각 면이 나올 확률
정사면체	$\frac{1}{4}$
정육면체	$\frac{1}{6}$
정팔면체	$\frac{1}{8}$
정십이면체	$\frac{1}{12}$
정이십면체	$\frac{1}{20}$

예를 들어, 정팔면체 주사위를 던졌을 때 나올 수 있는 모든 경우의 수는 8가지예요. 그중 특정 숫자 하나가 나올 경우는 1가지이지요. 이를 확률로 나타내면 $\frac{1}{8}$이에요.

그렇다면, 5개의 정다면체는 모두 주사위가 될 수 있지 않냐고요? 맞아요. 하지만 정사면체와 정팔면체는 던졌을 때 어떤 면이 윗면인지 한눈에 판단하기 어렵다는 단점이 있어요. 정육면체처럼 바닥과 평행★한 윗면이 있어야 주사위에 적힌 숫자를 쉽게 읽을 수 있지요. 정십이면체와 정이십면체의 경우 면의 개수가 많고, 각이 많이 져 있어서 주사위가 어디로 굴러가 버릴지 알 수 없어요. 정육면체는 나오는 면의 개수가 6개로 적절하고, 던졌을 때 윗면이 바로 보이기 때문에 주사위로 가장 많이 쓰인답니다.

용어 설명

평행★ 아무리 길게 늘여도 만나지 않는 두 면을 서로 평행하다고 해요.

슈퍼 M 꿀팁!
윷은 주사위일까? 아닐까?

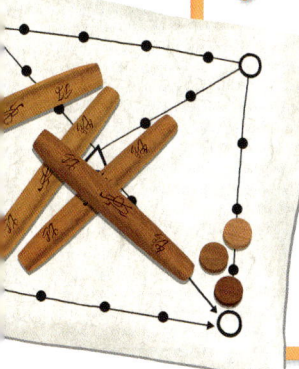

윷의 한쪽 면은 평평하고, 반대쪽 면은 둥글게 되어 있어요. 평평한 부분의 넓이와 둥글게 된 부분의 넓이가 다르지요. 그래서 윷은 평평한 부분이 윗면으로 나올 확률과, 둥근 부분이 윗면으로 나올 확률이 서로 달라요. 주사위는 주로 어떤 숫자가 나올 수 있는 확률이 항상 같게 만드는데, 윷은 일부러 확률이 다르도록 만들어서 윷놀이의 재미를 높여주는 도구로 쓰지요.

※ 생활 속 해결하고 싶은 수학 궁금증이 있다면 슈퍼M에게 메일을 보내주세요. asksuperm@gmail.com로 신청자의 이름, 연락처와 함께 사연을 보내면 됩니다. 사연이 채택된 신청자에게는 소정의 선물을 드려요!

'마방진'이란?

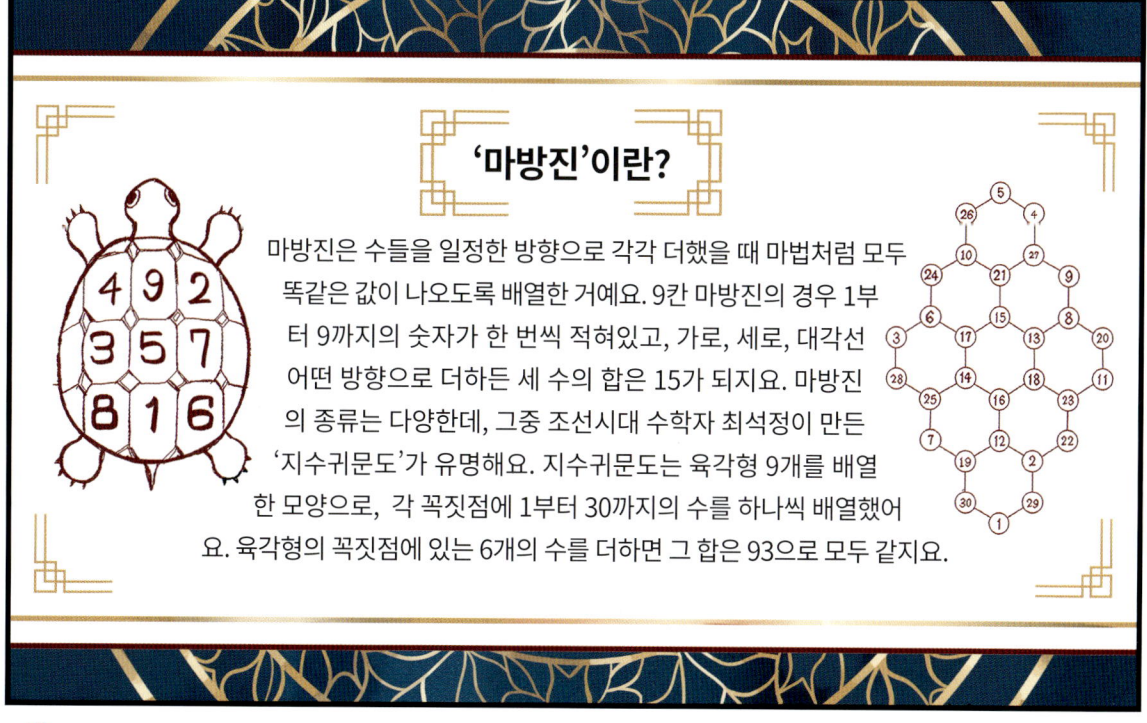

마방진은 수들을 일정한 방향으로 각각 더했을 때 마법처럼 모두 똑같은 값이 나오도록 배열한 거예요. 9칸 마방진의 경우 1부터 9까지의 숫자가 한 번씩 적혀있고, 가로, 세로, 대각선 어떤 방향으로 더하든 세 수의 합은 15가 되지요. 마방진의 종류는 다양한데, 그중 조선시대 수학자 최석정이 만든 '지수귀문도'가 유명해요. 지수귀문도는 육각형 9개를 배열한 모양으로, 각 꼭짓점에 1부터 30까지의 수를 하나씩 배열했어요. 육각형의 꼭짓점에 있는 6개의 수를 더하면 그 합은 93으로 모두 같지요.

 이은섭 작가   스파이더맨을 좋아하던 저는 상상 속의 친구와 노는 것을 좋아했습니다. 이제는 저도 누군가에게 상상의 친구가 되길 꿈꿉니다.

그럼, 둘 다 마방진은 맞는데….

지수귀문도는 너무 복잡해서 어떻게 봐야 할지 잘 모르겠어….

육각형 9개의 꼭짓점에 1부터 30까지의 수가 한 번씩 적혀 있어. 그리고 하나의 육각형의 꼭짓점에 적힌 6개의 수를 더한 값이 모두 같아야 하지.

아하! 그럼 맨 위 육각형의 합은 26+5+4+27+21+10=93이야! 다른 육각형의 합도 모두 93이네!

맞아!

그럼 이제 할머니의 마방진을 한번 살펴보자.

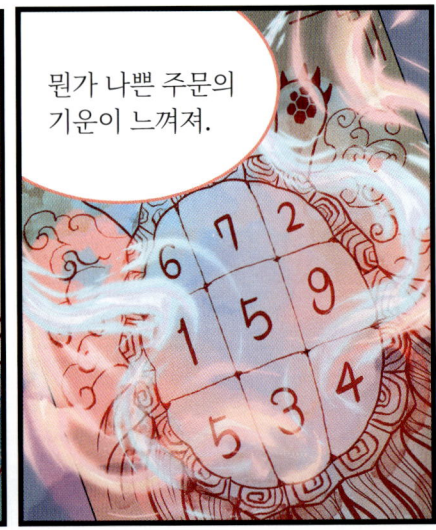

뭔가 나쁜 주문의 기운이 느껴져.

성공 확률을 예측한다!

GIB

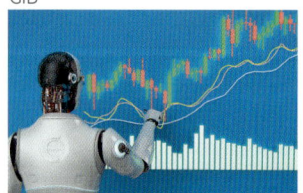

인공지능이 미래에 생길 일을 정확히 예측한다면 어떨까요? 현재 인공지능은 스포츠 경기에서 누가 이길지, 수술이 성공할지를 어느 정도 예측할 수 있는 단계까지 개발됐어요. 2022년 열린 카타르 월드컵에서 인공지능 로봇 '카쉐프'는 결승전을 뺀 63번의 경기 가운데 43개 경기의 이긴 팀과 진 팀을 맞혔어요. 정확도는 68%로, 100번 중 68번을 맞히는 셈이에요. 또 다른 인공지능은 위암 수술을 받은 환자들이 5년 뒤 얼마나 살아있을지를 약 81%의 정확도로 예측하기도 했지요.

웜홀★ 서로 다른 두 공간을 잇는 가상의 통로예요.

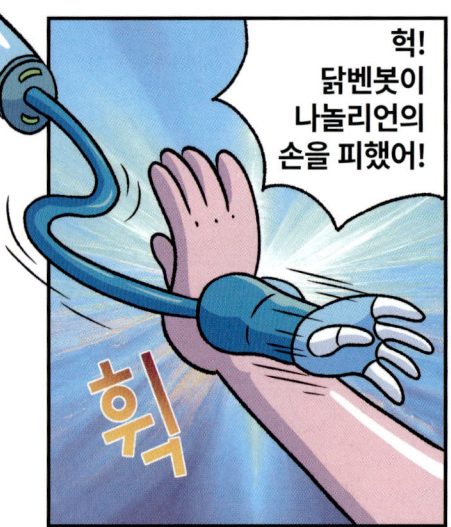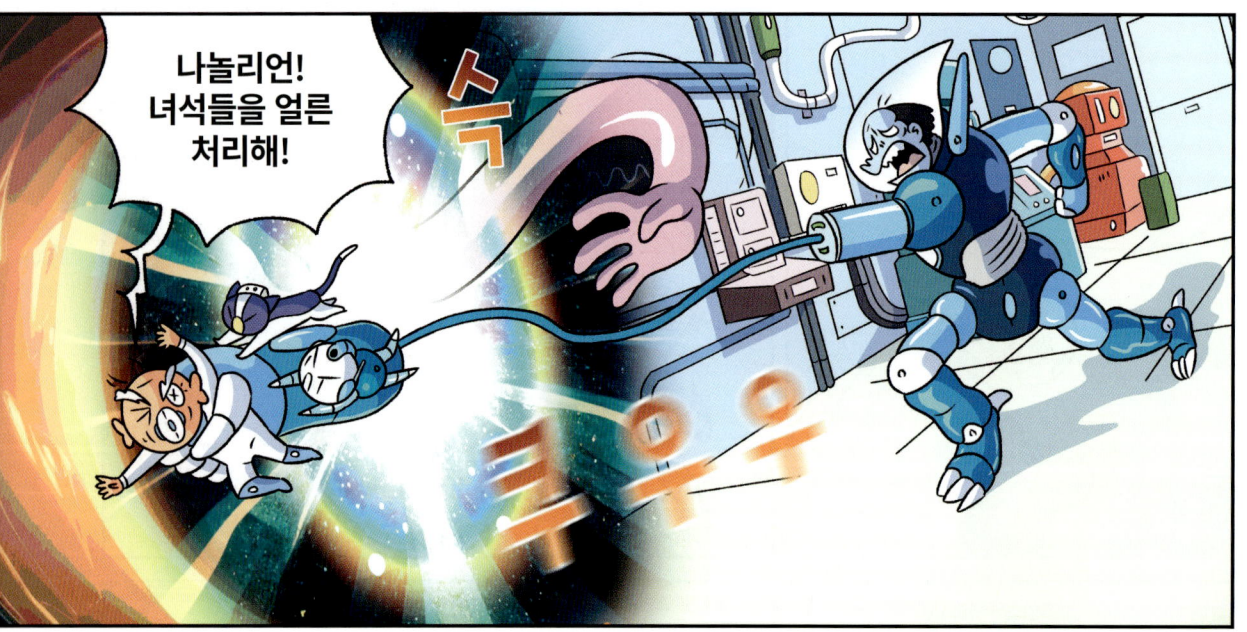

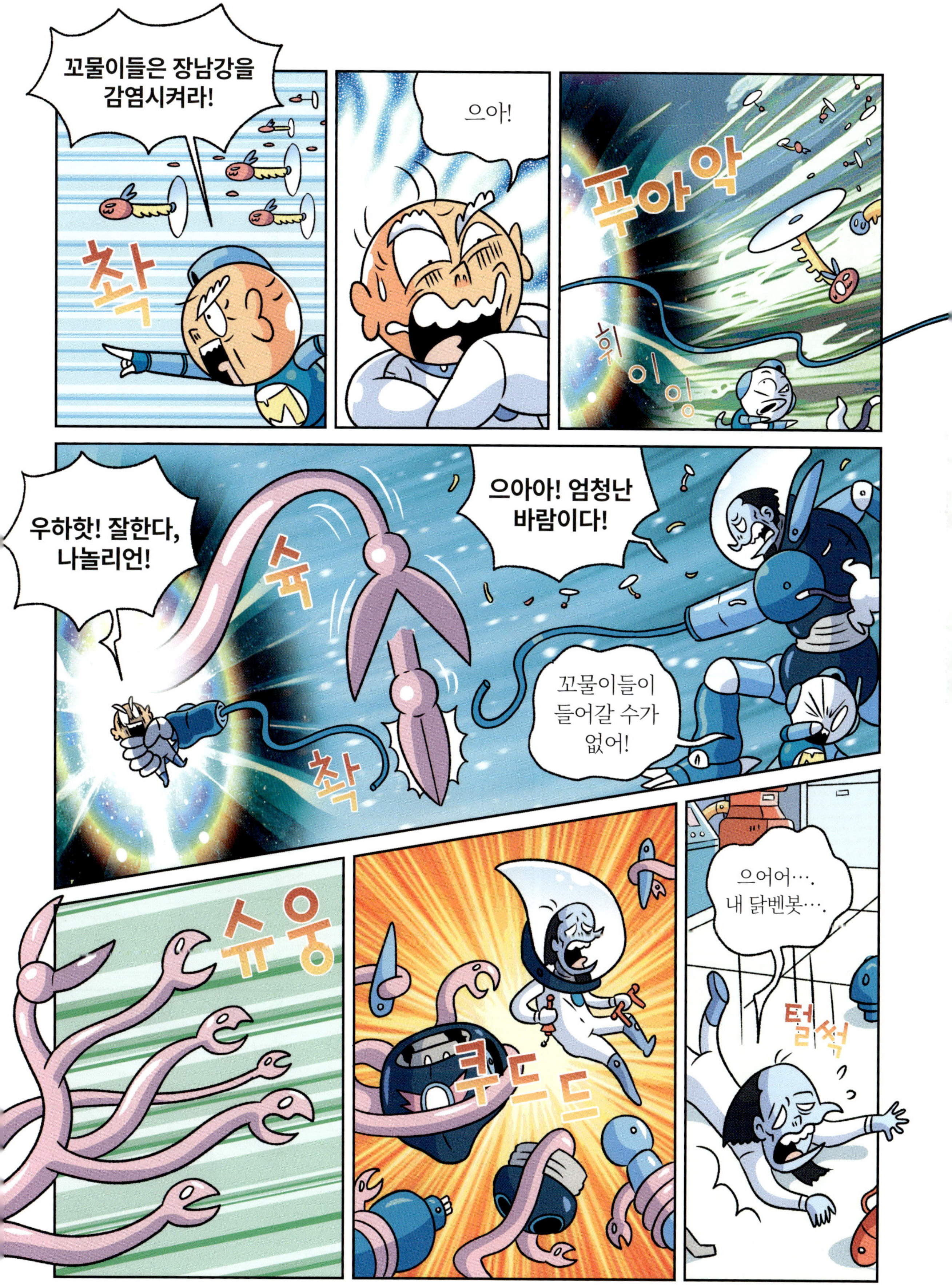

띠, 띠, 띠…. 3초 뒤엔 무슨 일이?

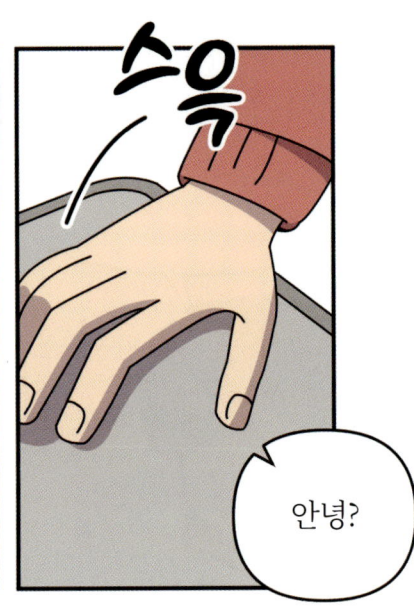

꼬마 유령 수의 '넓이'는?

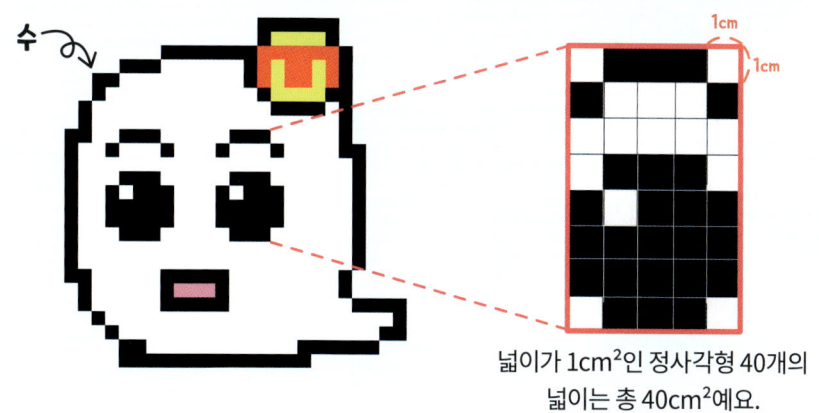

넓이가 1cm²인 정사각형 40개의
넓이는 총 40cm²예요.

온라인 픽셀 아트 프로그램으로 만든 '헬로 매스 지옥 선수촌'의 주인공 '수'예요. 픽셀 아트는 픽셀로 만든 그림이라는 뜻이지요. 컴퓨터, 텔레비전과 같은 화면을 이루는 가장 작은 단위를 픽셀이라고 해요. 우리가 스마트폰으로 찍은 사진도 픽셀로 이뤄져 있지요. 사진을 이루는 픽셀의 개수가 많을수록 사진이 선명해요.

  픽셀은 아주 작은 정사각형 모양이에요. 픽셀 아트를 자세히 들여다보면 작은 정사각형들이 촘촘히 모여있는 걸 발견할 수 있지요. 그렇다면, 수의 눈을 나타낸 이 그림의 넓이를 알 수 있을까요?

  그림을 이루고 있는 정사각형 하나의 가로, 세로 길이가 각 1cm라고 생각해 봐요. 정사각형의 넓이는 가로와 세로의 길이를 곱해서 구하니까, 한 변의 길이가 1cm인 정사각형의 넓이는 $1 \times 1 = 1\text{cm}^2$(제곱센티미터)예요. 수의 눈 그림에는 정사각형이 모두 40개 있으므로 넓이는 $1\text{cm}^2 \times 40 = 40\text{cm}^2$이지요. 이렇게 평면도형의 넓이를 재는 데 기준이 되는 넓이를 '단위넓이'라고 해요. 단위넓이를 이용해 수의 눈 그림에서 검은 부분과 흰 부분의 넓이는 각각 어떻게 구할지 생각해 보세요.

우와~, 정말 나잖아?

픽셀 아트 만들기

난이도 : 똥손(하) 걸리는 시간  40분 피스켈

QR코드를 찍으면 피스켈 프로그램으로 연결돼요.

간단하게 픽셀 아트를 만들어 볼 수 있는 온라인 프로그램 '피스켈(www.piskelapp.com)'을 활용해 보세요.
여러 가지 도구를 이용해 나만의 픽셀 아트를 만들어 봐요.

피스켈(PISKEL)의 주요 기능

프레임을 추가하면 빈 화면이 추가로 생겨요.

픽셀 하나의 크기를 정할 수 있어요.

픽셀을 그릴 때 쓰는 기본 펜 도구예요.

테두리 안쪽을 한번에 색칠하는 페인트 도구예요.

지우개 도구예요.

원하는 색깔을 따올 수 있는 스포이드 도구예요.

여기에 마우스를 대고 그려보세요!

색깔을 고르는 팔레트 도구예요.

'PNG'를 선택하고, 'Download(다운로드)' 버튼을 누르면 그림을 저장할 수 있어요.

가로, 세로의 길이가 1인 가장 작은 픽셀을 선택하세요.

화면에 가로 25개, 세로 25개의 픽셀로 이뤄진 정사각형 틀을 그려요.

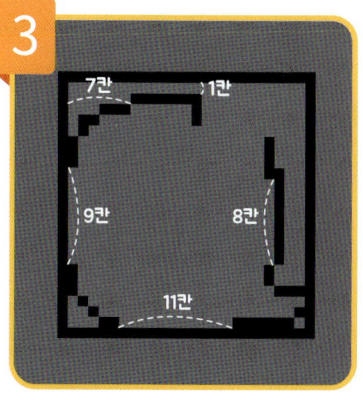

틀 안에 수의 얼굴 테두리를 그려요. 몇 칸을 그리고 몇 칸을 띄어야 하는지 잘 살펴봐요.

수학 기자 배지를 그려요. 페인트 도구로 노란색을 채워요. 빨간색으로 M 표시도 그려 주세요.

눈썹과 눈을 그려요. 눈썹은 검정색 픽셀 5개, 눈은 하얀색 픽셀 1개와 검정색 픽셀 20개로 이뤄져 있어요.

수의 입을 그린 뒤, 페인트 도구를 이용해 수의 얼굴 부분을 모두 하얀색으로 칠해요.

2에서 그렸던 정사각형 틀 중, 수의 얼굴 부분을 제외한 필요 없는 부분을 지우개 도구로 지워요.

수학 기자 수 완성!

수의 얼굴엔 총 몇 개의 픽셀이 사용됐나요? ⓜ

내가 그린 픽셀아트를 '플레이콘'에 올려서 자랑해 보세요!

옥톡과 달냥의 우주 탐험대

글 김준수(과학동아천문대)
진행 박건희 기자(wissen@donga.com)
디자인 오진희 일러스트 김태형, GIB 사진 NASA
#제임스_웹 #우주_망원경 #용골자리_성운

안녕? 우린 우주인이 되기 위해 특수훈련을 마친 옥톡과 달냥이야. 어느 날, 우주 저 멀리에 있는 외계인으로부터 신호가 왔어. 당장 그들을 만나러 갈 거야! 우린 우주를 떠돌아다니는 여러 탐사선에서 부품을 모아 우주에서 최고로 멋진 우주선을 만들기로 했어.

태양 – 수성 – 금성 – 지구 – 달 → 제임스 웹 우주망원경

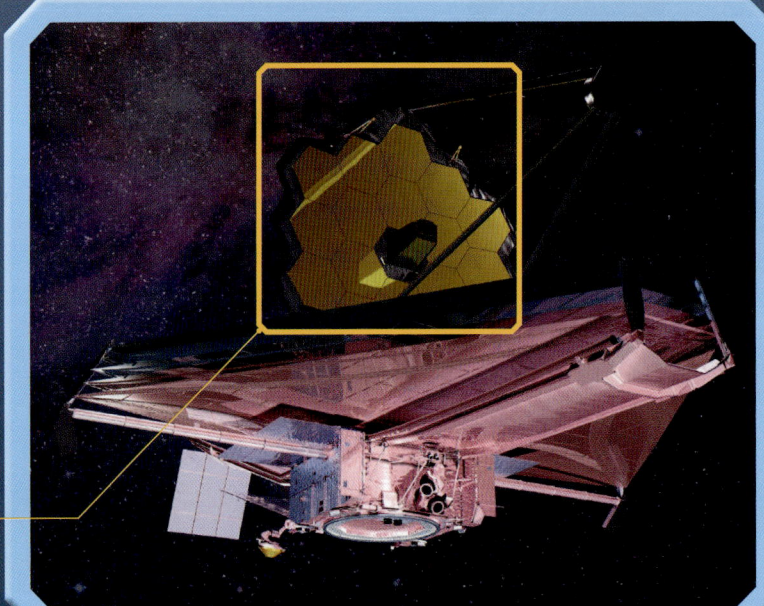

제임스 웹 우주 망원경의 **거울** 획득!

옥톡

제임스 웹 우주망원경

'우주에는 외계 생명체가 살까?'와 같은 궁금증을 해결하기 위해 제임스 웹 우주망원경이 2021년 발사됐어요.
제임스 웹 망원경에는 **정육각형 18개**를 이어붙인 모양의 거울이 달려 있어요. 로켓에 거울을 접어 넣은 뒤 발사 이후 펼쳐지도록 했는데, 펼친 길이는 **6.5m**예요. 거울의 크기가 클수록 더 많은 빛을 모을 수 있어 어두운 천체까지 잘 보이지요.

화성　목성　토성　천왕성　해왕성

우주선 에너지 충전 미션

제임스 웹 우주망원경의 거울은 정육각형 조각을 붙여 만들었어요. 그 이유는 무엇일까요?

① 변의 개수가 가장 많은 도형이라서
② 이어붙였을 때 도형 사이에 남는 공간이 없이 잘 맞아서
③ 둥근 곡선으로 이뤄진 도형이라서

※ 추첨을 통해 2명에게 <과학동아 천문대> 입장권을 드려요.

플레이콘에 놀러와!

용골자리 성운★

제임스 웹 우주 망원경이 처음으로 찍은 사진 중 하나예요.
수소★, 헬륨★, 먼지가 뭉친 모습이 마치 구름처럼 보이지요.
수소와 헬륨이 서로 끌어당기며 새로운 별이 태어나요.
용골자리 성운은 지구로부터 **약 8500광년**만큼 떨어져 있어요.
광년은 빛이 1년 동안 나아가는 거리의 단위로,
1광년은 약 9조 4600억km(킬로미터)예요.

용어 설명

성운 별이 탄생하는 구름이에요.
수소★ 모든 물질 중에서 가장 흔하고 가장 가벼운 가스 물질이에요.
헬륨★ 수소 다음으로 흔하고 가벼운 가스 물질이에요.

수플리
수학 플레이리스트

담당 조현영 기자
(4everyoung@donga.com)

QR코드를 찍고 **게임 방법**을 영상으로 확인해 보세요!

🎲 **보드게임**

1 네 가지 색깔의 말이 있어요. 각자 색깔을 정하고, 사진과 같은 모양으로 말을 배치해요. 한 색깔에 가위 5개, 바위 5개, 보자기 5개예요.

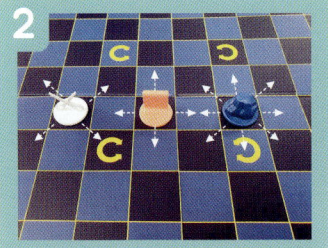

2 가위는 대각선, 보자기는 가로·세로 원하는 만큼 움직여요. 바위는 모든 방향으로 갈 수 있지만 최대 3칸만 가요.

3 가위는 보자기를, 보자기는 바위를, 바위는 가위를 제거해요. 내 말이 제거당하지 않도록 피하며 상대의 말을 없애요.

락 페이퍼 스위치
공간27몰
gonggan27.com
49,000원
이용 연령 | 8세 이상
참여 인원 | 2~4명

※자세한 규칙은 제품에 들어 있는 설명서를 참고하세요.

6 먼저 탈락한 사람의 말은 '와일드'가 돼요. 누구나 쓸 수 있는 공용 말이지요. 와일드를 이용해서 나를 위협하는 상대의 말을 없앨 수 있어요.

5 만일 가위, 바위, 보자기 중 하나라도 모두 사라지면 게임에서 탈락해요. 모든 종류의 말이 한 개 이상 남은 채로 끝까지 살아남는 사람이 이겨요.

4 휘어진 화살표 모양이 그려진 칸에서는 '스위치'를 할 수 있어요. 칸에 도착한 말과 내가 가진 다른 말의 자리를 바꾸는 거예요.

➕ **놀면서 배우자!**

➊ 말의 특성에 맞추어 전략을 짜요. 말이 움직일 수 있는 방향과 칸의 수, 어떤 말이 어떤 말을 공격할 수 있는지를 빠르게 계산해서 다른 사람들의 말을 최대한 제거해야 해요!

➋ 움직일 칸의 수를 잘 계산해야 해요. 당장 잡을 수 있는 말이 없다면, 다음에 다시 내 차례가 됐을 때 최대한 나에게 유리할 자리를 차지해야 해요.

 영상

유튜브 캡처

숫자 4가 여우로 변신?

분명히 평범한 숫자 4였는데…, 펜으로 선 몇 개를 슥슥 더하니 허리가 긴 여우가 나타났어요! 그냥 그리기도 어려웠던 동물을 숫자의 모양에 맞추어 척척 그려내는 방법, 궁금하지 않나요? 여우가 된 4, 악어가 된 7, 새가 된 2와 하마가 된 10, 고양이가 된 60까지! 숫자로 만들어낸 멋진 동물 그림을 함께 구경해요!

 책

세상 곳곳 수학 쏙쏙

팀 콜린스 글 | 다섯수레 | 23,800원

수학은 문제를 풀고 계산을 하는 데에만 쓰이는 게 아니에요. 공원에 나가서 비눗방울을 불 때도, 가족들과 기차를 타고 멀리 여행을 떠날 때도, 휴대폰으로 잡지 속 QR코드를 찍을 때도 수학이 필요하지요! 이 책은 음식, 운동 등 우리 생활의 다양한 순간 속 수학 원리들을 쉽고 간단하게 설명해 줘요. 책을 다 읽고 나면, 세상을 지탱하는 수학의 힘이 선명하게 보일 거예요!

 책

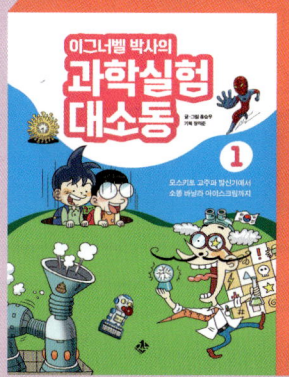

이그너벨 박사의 과학실험 대소동 1

장익준 기획 | 홍승우 글, 그림 | 지노 | 15,000원

여기, 수상한 과학자 '이그너벨 박사'가 있어요. 엉뚱하지만 기발한 연구를 한 과학자가 받는 상 '이그노벨'과 이름이 비슷하네요! 이그너벨 박사는 이그노벨 상을 100번 받는 것이 목표라고 해요. "소똥으로 아이스크림을 만들 수 있을까? 동물들도 말을 할까?" 이그너벨 박사의 비밀 연구소로 찾아가 상상력 가득한 과학 이야기를 만나 봐요!

영상

유튜브 캡처

8명이 빵 3조각 나누어 먹는 법

마름모 모양의 식빵 세 조각, 나눠 먹을 사람은 여덟 명! 한 사람이라도 섭섭하지 않게 빵 세 조각을 똑같이 나눠야 해요. 칼질은 가능한 적게 해야 하지요. 빵을 접으려면 단 한 번만 접을 수 있고, 겹쳐서 자를 수도 있어요. 여덟 명 모두가 공평하게 빵을 먹으려면 과연 몇 번의 칼질을 하면 될까요? 두 번? 세 번? 기발한 문제 풀이를 영상에서 만나 보세요!

※과물입러: 뭔가에 깊이 빠진 사람을 재밌게 부르는 유행어.

- 어김없이 시작된 사각형 찾기 -

글·그림 최수경 콘텐츠 최송이 기자(song1114@donga.com)

 최수경 작가 — 애니메이션과 웹툰을 그리고 있습니다. 개성 있고 사랑스러운 그림으로 사람들을 행복하게 해주고 싶어요. :)

여러분도 주변에서 사각형을 찾아보세요!

한 달에 두 번,  가 찾아갑니다!

<어린이수학동아>를 정기구독으로 만나보세요. 한 달에 두 번 최신 호를 가장 빠르게 받아볼 수 있습니다. 1년을 구독하면 초등 수학의 5개 영역을 담은 <어린이수학동아> 24권을 모두 받을 수 있어요. 또, 정기구독 독자에게만 드리는 혜택도 누릴 수 있어요!

★ 정기구독으로 초등 수학 완전 정복!

연간 주제호 구성안	1월	2월	3월	4월	5월	6월
	여러 가지 수	덧셈과 뺄셈	도형	도형	도형	곱셈과 나눗셈
	여러 가지 수	덧셈과 뺄셈	도형	도형	곱셈과 나눗셈	곱셈과 나눗셈
	7월	8월	9월	10월	11월	12월
	분수와 소수	분수와 소수	측정	측정	자료와 가능성	규칙 찾기
	분수와 소수	분수와 소수	측정	자료와 가능성	자료와 가능성	규칙 찾기

※정기구독 신청일 기준으로 해당 월호가 배송되며 1년 중 24권을 모두 받을 수 있습니다.

어린이수학동아 정기구독 혜택 100% 누리기!

기자단 활동
★ 전국 과학관 및 박물관 상시 무료 입장
★ 내가 쓴 기사를 현직 기자가 첨삭!
★ 기사와 체험 활동은 포트폴리오로 관리

 팝콘플래닛

연장회차별 DS캐시 지급
★ 현금처럼 사용가능한 DS캐시 제공
★ 5,000캐시부터 최대 15,000캐시까지 즉시 할인

 DS 스토어

디 라이브러리 무료
★ 동아사이언스 모든 매거진(어린이수학동아, 어린이과학동아, 수학동아, 과학동아) 무료 이용
★ 연 480,000원 상당 혜택

 디라이브러리

시민과학 프로젝트 참여 기회 제공
★ 이화여대 장이권 교수와 함께하는 **지구사랑탐사대 우선 선발**
★ AAAS 국제과학언론상 수상! **우리동네 동물원 수비대 우선 선발**
★ 줍깅! 분리배출! 플라스틱 일기까지! **플라스틱 다이어트 프로젝트 참여**

어수동을 오디오로 들어요!
★ 각 기사의 첫 페이지에 있는 QR코드를 스마트폰으로 찍고 오디오를 들어요.
★ 매월 20개 이상의 어수동, 어과동 오디오 콘텐츠를 만나 보세요.

 오디오쏙

어수동✕어과동 기자단 가입하고

81개 전국 과학관·박물관 취재하세요!

<어린이수학동아>를 정기구독해서 보는 친구에게는 정말 좋은 혜택이 있어요! 바로 어린이수학동아✕어린이과학동아 기자단 활동! 기자는 원하는 정보를 얻기 위해 해당 분야 전문가를 만나 취재하고 기사를 쓰죠. 친구들도 <어수동> 기자처럼 전국 81개 과학관과 박물관에 무료 입장해 취재하고 기사를 쓸 수 있어요. 기사를 써서 팝콘플래닛 '기사콘'에 올리면 <어수동> 기자가 직접 첨삭해 기사를 출고합니다. 기자단에 가입하고 꼭 기자단 혜택을 누리세요!

기자단에 가입하면 얻는 혜택

혜택 1. 81개 — 전국 주요 과학관 및 박물관 무료 또는 할인 입장

혜택 2. 첨삭 — 현직 기자의 글쓰기 첨삭 지도

혜택 3. 취재 — 다양한 현장 취재 참여

혜택 4. 포트폴리오 — 내가 쓴 기사를 내려받을 수 있는 포트폴리오 제공

앱 설치하고 모바일 기자단증을 받으세요!

정기구독 신청 (02)6749-2002

정기구독 할인 안내 — 최대 135,600원 가격 할인

정기구독료

	구분	정가	할인금액	할인	비고
단품	1년 정기구독료(24권)	264,000	224,400	15%	39,600원 할인
	2년 정기구독료(48권)	528,000	422,400	20%	105,600원 할인

패키지 구독료

	구분	정가	할인금액	할인	비고
패키지 1년 정기 구독료	어린이수학동아 + 어린이과학동아	576,000	460,800	20%	115,200원 할인
	과학동아 + 어린이과학동아	510,000	408,000	20%	102,000원 할인
	수학동아 + 어린이과학동아	480,000	360,000	25%	120,000원 할인
	과학동아 + 수학동아	366,000	274,500	25%	91,500원 할인
	과학동아 + 수학동아 + 어린이과학동아	678,000	542,400	20%	135,600원 할인

※위의 패키지 상품은 어린이수학동아 독자 연령에 맞는 대표 패키지입니다.
추가로 다양한 패키지 상품을 구매할 수 있습니다(상세 가격은 'DS스토어' 홈페이지 참고).
※패키지 2년은 1년 할인가에 추가로 할인이 제공됩니다.

어린이 수학동아 편집부 ♥ 후기 ♥

최은혜 편집장
안 쉬고 50분 달리기에 도전하고 있어요. 성공이 코앞. 장딴지가 아주 딴딴해졌답니다. 후후, 곧 10km 도전~?

최송이 기자
점심시간을 이용해 짧은 꽃놀이를 즐겼어요. 잠깐이었지만 따뜻하고 즐거운 시간이었지요.
#사진=조현영_기자
#고맙습니다

박건희 기자
햇살이 따사로운 봄입니다. 전 선글라스를 끼고 햇빛 사이를 활보하는 걸 좋아해요.

조현영 기자
꽃과 고양이! 정말로 평화로워 보이죠? 이 광경을 보고 있자니 이 노래가 떠올랐어요. "봄바람 휘날리며~ 흩날리는 벚꽃잎이~ 울려 퍼질 이 거리를~ 둘이 걸어요~" 여러분은 이 노래를 아시나요?
#벚꽃엔딩 #오래된_가요

오진희 디자인 파트장
흐리고 꽉 막힌 도로에서 만난 네몽 트러기 덕분에 잠깐 재미있는 상상을 해보았어요! 세상은 네몬네모해 >.<

김은지 디자이너
"너무 맛있는 푸딩 가게가 열렸어요>.<" 현영 기자의 한 마디에 〈어수동〉이 출동했어요! 하나, 둘, 셋, 차례를 기다리고 있는데…. 어? 똑같은 신발을 신은 사람들이 있어요! 과연 세 사람은 누구일까요?

내가 바로 <어수동> 표지 작가!

독자 여러분이 멋지게 완성한 <어수동> 표지를 소개합니다. 놀이북 표지를 내 맘대로 색칠하고 '플레이콘'의 놀이터-어린이수학동아 게시판에 자랑해 주세요!

베스트 표지
독자 최다혜(thinko33)

8호 표지

지금 바로 표지 작가에 도전하세요! 베스트 표지에 뽑히면 선물을 드려요!

기자의 한마디

★ 보라색 곰돌이가 된 네몽! 아이돌 '스테이씨'의 노래인 '테디베어'의 주인공 같아요! 왼쪽 아래의 화단도 노래 검색 창처럼 꾸몄네요!

★ 안대, 손, 발에 봉제선을 그려 더욱 인형 같아 보여요! 자세히 보니, 평행사변형 모양 창문도 실로 꿰맸어요. 집 안에도 귀여운 인형들이 살고 있을 것 같아요!

최기자

※ 베스트 표지로 선정된 분은 eunsolcc@donga.com으로 이름, 주소, 전화번호를 보내주세요!

어수동 찐팬을 만나다

"과정을 즐기는 수학 찐팬!"

글 조현영 기자(4everyoung@donga.com)

<어린이수학동아>의 진짜진짜 '찐팬'을 소개합니다! 찐팬으로 선정된 독자의 교실로 <어수동>을 보내드려요.

노하은

노하은 독자가 직접 만든 사각형 픽셀 아트 작품을 들고 있는 모습이에요.

어수동 요즘 가장 기대되는 것이 있나요?

새로 시작한 2학년 생활이 제일 재미있고 앞으로가 기대돼요. 처음으로 열린 학급 회장 선거에서 1학기 학급 회장으로 당선이 되었어요. 기분도 무척 좋지만, 더 좋은 학급을 만들기 위해 많이 노력하고 봉사해야 할 것 같아요.

어수동 <어수동>에서 가장 좋아하는 게 뭐예요?

만화와 놀이북 활동을 좋아해요! 만화 중에서는 '수리국 신한지의 비밀'을 제일 좋아해요. 강산이랑 신한지의 몸이 바뀌는 장면이 너무 재미있었어요. 그리고 '놀러와! 도토리 슈퍼'도 재미있게 보고 있어요. 놀이북에서는 '말랑말랑 두뇌퍼즐'을 제일 좋아해요. 표지 색칠 활동도 빠트리지 않고 꼭 하고 있고요. 또, '도전! M 체스 마스터'를 보고 친구들과 체스 놀이를 한 적도 있어요. 체스는 어렵긴 하지만 여러 가지 방법으로 이길 수 있어서 신나더라고요.

어수동 하은 독자에게 수학이란?

수학은 문제를 해결하는 과정이 재미있어요. 다양한 방법으로 고민하다가 답이 나오면 너무 기분이 좋아요. <어수동>의 기사에는 학교에서 배우는 내용도 있고 조금 더 어려운 내용도 있지만, 수학을 더 재미있고 쉽게 알려주는 것 같아요. 수학이 어려운 친구들에게 <어수동>의 재미있는 수학 이야기를 소개해 주면 수학을 쉽게 익힐 수 있을 거라고 생각해요! ⓜ

노하은
대구 신월초등학교
2학년

팝콘플래닛으로 놀러오세요!

팝콘플래닛은 어떤 곳인가요?
팝콘플래닛은 어린이의 상상으로 태어난 가상세계입니다.
총 4개의 콘으로 구성돼 있어요.

 나의 작품을 직접 연재하는 웹툰/소설/그림 작가 되기!

 기사도 쓰고~ 토론도 하고~ 어과수 기자단 활동하기!

 어린이수학동아, 어린이과학동아 콘텐츠를 한눈에 쏙!

 지구를 지켜라! 시민과학자 되기!

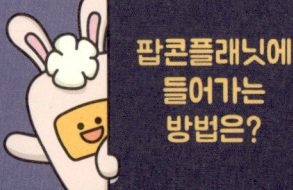

팝콘플래닛에 들어가는 방법은?

웹(PC)으로 접속할 때
포털사이트에서 '팝콘플래닛'을 검색하거나 주소창에 www.popcornplanet.co.kr을 입력하세요.

앱(스마트폰/태블릿PC)으로 접속할 때
구글/앱 스토어에서 '팝콘플래닛'을 검색한 다음 앱을 설치하세요.

contents

02 사고력 쑥쑥! 수학 놀이

06 이야기로 냠냠! 어수잼
'네몽 놀이터'로 놀러 와!

08 수학 궁금증 해결! 출동, 슈퍼M
주사위는 던져졌다!

10 놀러와! 도토리 오락실

12 말랑말랑 두뇌퍼즐

16 어수동네 놀이터

18 도전! M 체스 마스터
혼자 힘으론 역부족! 기물 부족 무승부

21 도전! M 체스 마스터 카드

23 나뭇가지로 사각형 표지판 만들기

25 나만의 주령구 만들기

예술 속의 사각형

※ 사각형으로 이루어진 예술 작품을 아시나요? 네덜란드 화가인 피에트 몬드리안은 직선을 이용한 작품으로 전 세계적으로 사랑받는 화가가 되었답니다.

화가 몬드리안의 작품 스타일을 따라 만든 그림이에요.

 친구가 몬드리안의 그림을 흉내 냈어요. 친구의 그림에서 찾을 수 있는 사각형은 각각 몇 개일까요?

사각형 두 개가 모여서 또 다른 사각형을 이룰 수 있어요.

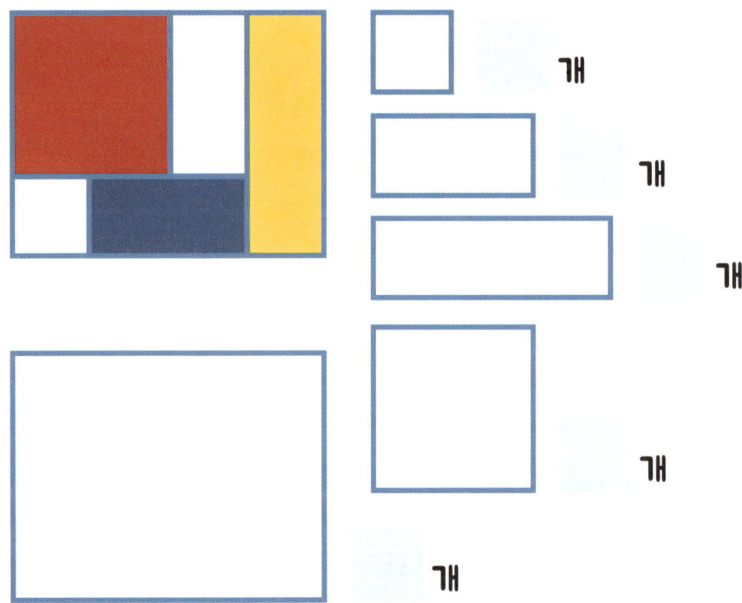

※ '창호'는 창과 문을 통틀어 이르는 말입니다. 우리나라 전통 가옥의 창호에서는 크고 작은 사각형을 찾을 수 있어요.

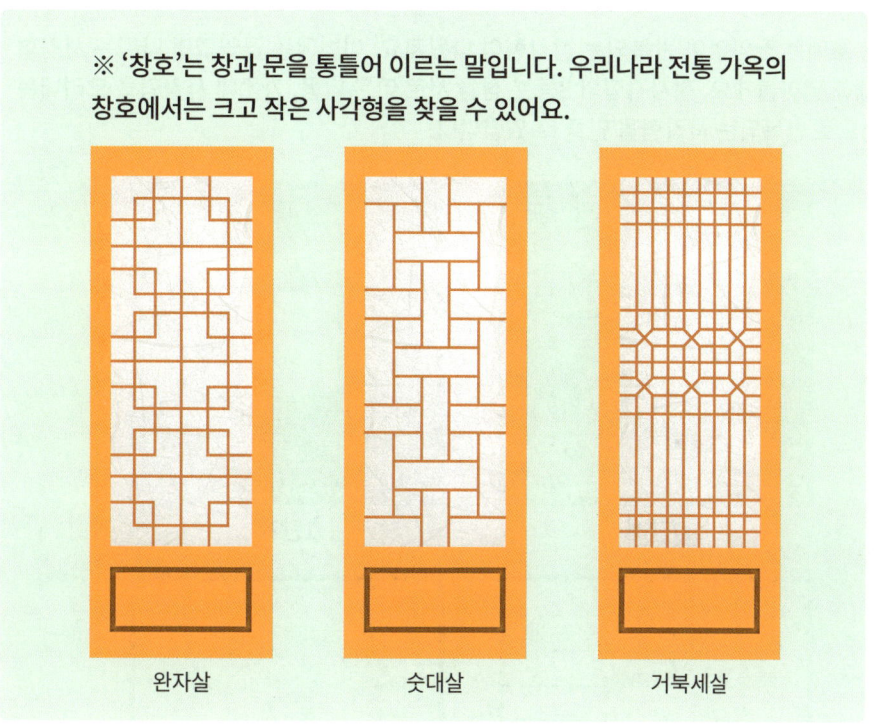

완자살　　　숫대살　　　거북세살

💡 전통 창호의 일부분을 떼어냈어요. 떼어낸 부분에서 찾을 수 있는 사각형은 모두 몇 개일까요?

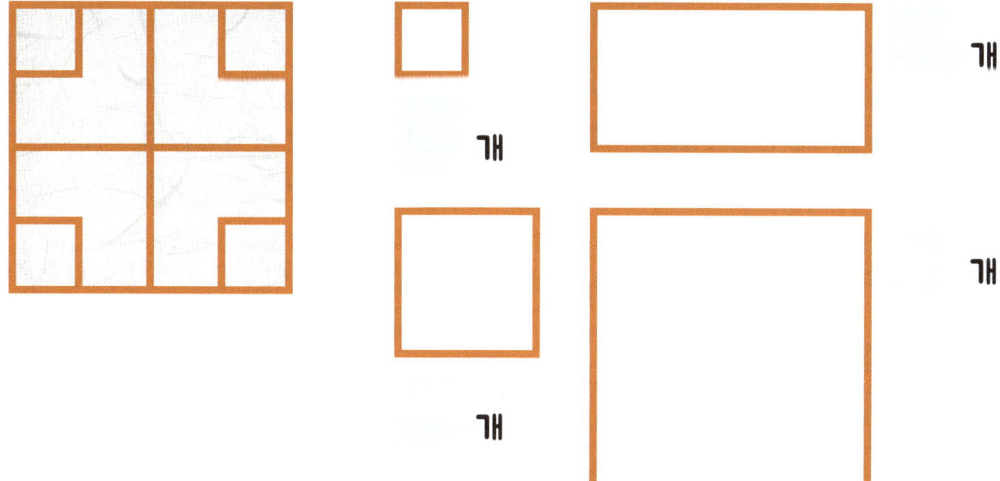

프랙탈 사각형

※ 지난 호에는 끊임없이 반복되는 삼각형이 나왔지요. 이번에는 끊임없이 나뉘는 사각형에 대해 알아볼게요. 정사각형의 3등분 점을 서로 이은 다음, 가운데 사각형을 오려내는 방법으로 반복되는 사각형을 만들 수 있답니다.

3등분 점은 한 변을 똑같은 길이의 세 부분으로 나누는 점이에요.

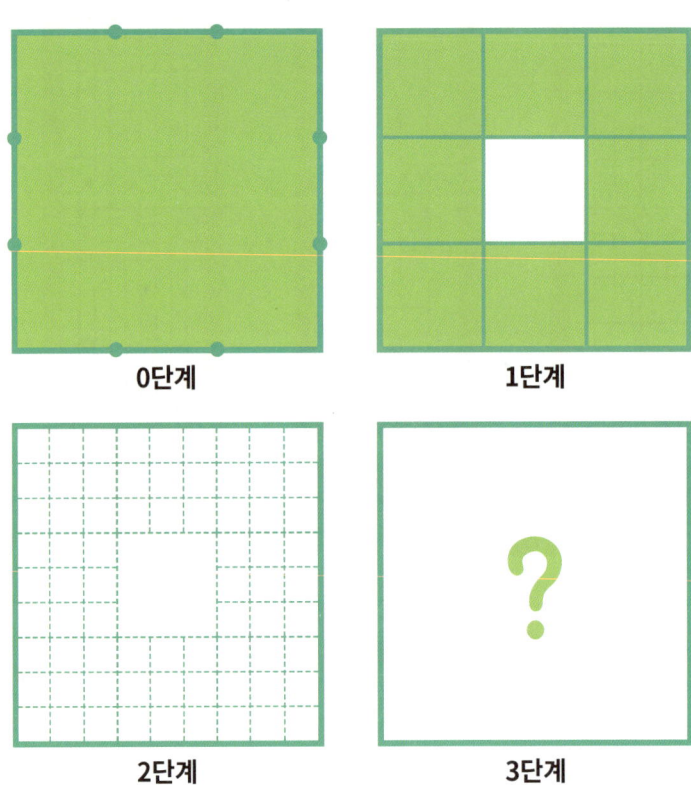

반복되는 사각형의 규칙을 찾아, 2단계 그림에서 오려내는 사각형은 흰색으로 남겨두고 나머지 사각형만 색칠하세요. 그리고 색칠된 사각형은 몇 개인지 아래 표를 채워요. 3단계는 그려보지 않고 규칙에 따라 답을 알아내 봐요.

단계	0단계	1단계	2단계	3단계
색칠된 사각형의 수	1	8		

여러 가지 반복되는 모양과 그 모양에 대한 설명입니다. 자세히 살펴보고, 어떤 모양에 대한 설명인지 찾아보세요.

㉮ 선을 같은 방법으로 반복해서 그렸어요.
㉯ 삼각형의 3등분 점을 이용해 반복해서 그렸어요.
㉰ 정육면체의 3등분 점을 이용해 반복해서 그렸어요.
㉱ 오각형을 같은 방법으로 반복해서 그렸어요.

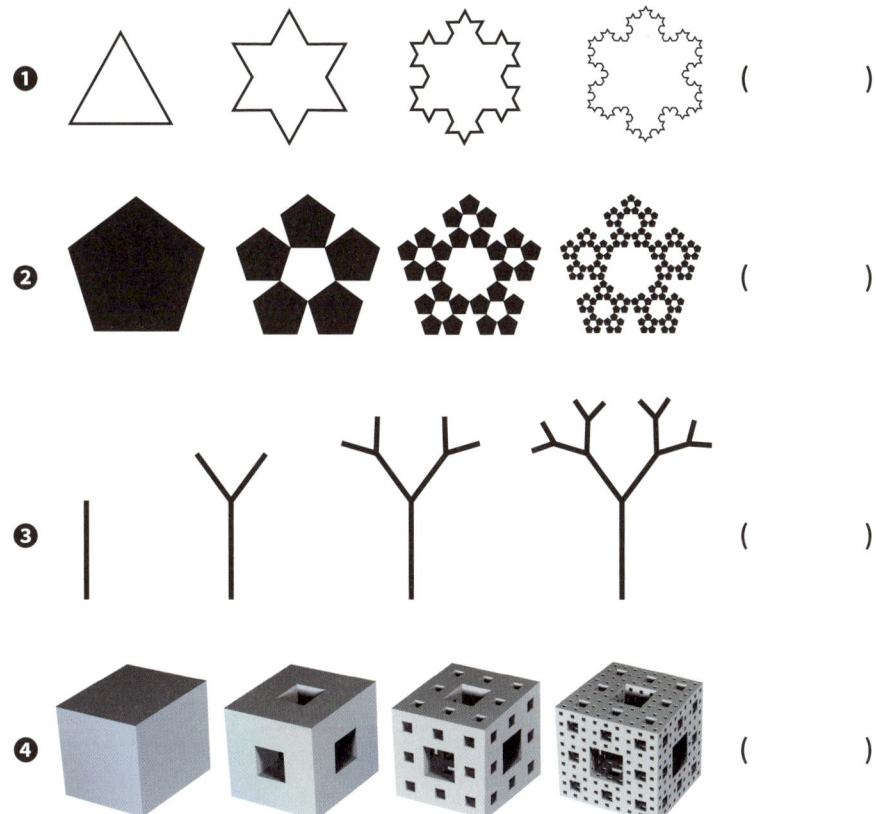

답을 찾았나요? '플레이콘'에 자랑해 주세요!

추리력 수리력 공간지각력

이야기로 냠냠! 어수잼

➕ 놀이북 23쪽과 함께 보세요!

네몽 놀이터로 놀러 와!

QR코드를 찍으면 **정답**을 바로 볼 수 있어요.

네몽은 더 많은 동물 친구들이 놀이터를 찾아올 수 있도록 표지판을 하나 더 만들어서 놀이터의 뒤편에 세우기로 했어요. 네몽과 함께 놀이터의 표지판을 만들어주세요!

글 최송이 기자(song1114@donga.com) **디자인** 김은지 **일러스트** 서정선, GIB
#사각형 #수직 #평행 #사다리꼴 #평행사변형 #마름모

비요가 준 표지판을 찾아라!

새로운 표지판을 만들기 전에, 비요가 네몽에게 준 표지판의 모양을 참고하도록 해요. 네몽은 어떤 표지판을 골랐을까요? 네몽의 설명과 표를 참고해 찾아보세요.

> 내가 고른 표지판은 마주 보는 두 쌍의 변이 서로 평행한 사각형이야. 사각형의 네 변의 길이가 모두 같고, 네 각은 모두 직각이지.

	사다리꼴	평행사변형	마름모	직사각형	정사각형
한 쌍의 변이 평행함	○	○	○	○	○
두 쌍의 변이 평행함		○	○	○	○
모든 변의 길이가 같음			○		○
모든 각이 직각임				○	○

1 2 3 4 5

나무 표지판을 만들어 보자!

네몽은 놀이터 주변에 있는 나뭇가지들을 모아왔어요. 네몽이 모아온 나뭇가지로 어떤 사각형을 만들 수 있을까요? 놀이북 23쪽의 도안에서 나뭇가지를 잘라 나만의 사각형 표지판을 만들어 붙이고, 어떤 사각형인지 설명해 보세요.

예시

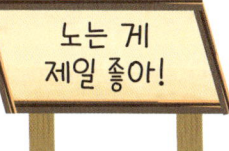

'평행사변형' 표지판이에요. 마주 보는 두 쌍의 변이 평행하고, 마주 보는 두 변의 길이가 같아요.

놀이북 활동 결과를 '플레이콘'에 올려 주세요. 추첨을 통해 선물을 드려요!

주사위는 던져졌다!

글 장경아 객원기자 **진행** 최송이 기자(song1114@donga.com) **디자인** 김은지 **일러스트** 김태형 **사진** GIB
#슈퍼M #생활수학 #정육면체 #정다면체

미션 1 주사위의 아랫면에는 어떤 수가 있을까?

주사위는 항상 마주 보는 면의 합이 '7'이 되어야 해요. 다음 주사위의 아랫면에는 각각 어떤 수가 있을지 적어 보세요.

1+6=7

 미션 2 · **나만의 주령구 만들기!**

1

놀이북 25쪽 도안에 있는 주령구 전개도를 잘라요.

2

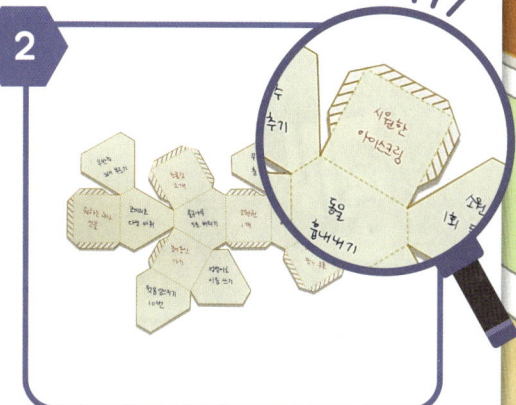

정사각형 면에는 보상을, 육각형 면에는 벌칙을 적어요.

3

14면체가 되도록 전개도를 접어 오므린 후, 풀이나 테이프로 붙여요.

가족이나 친구와 함께 주령구를 굴려 재미있는 게임을 해보세요!

 완성!

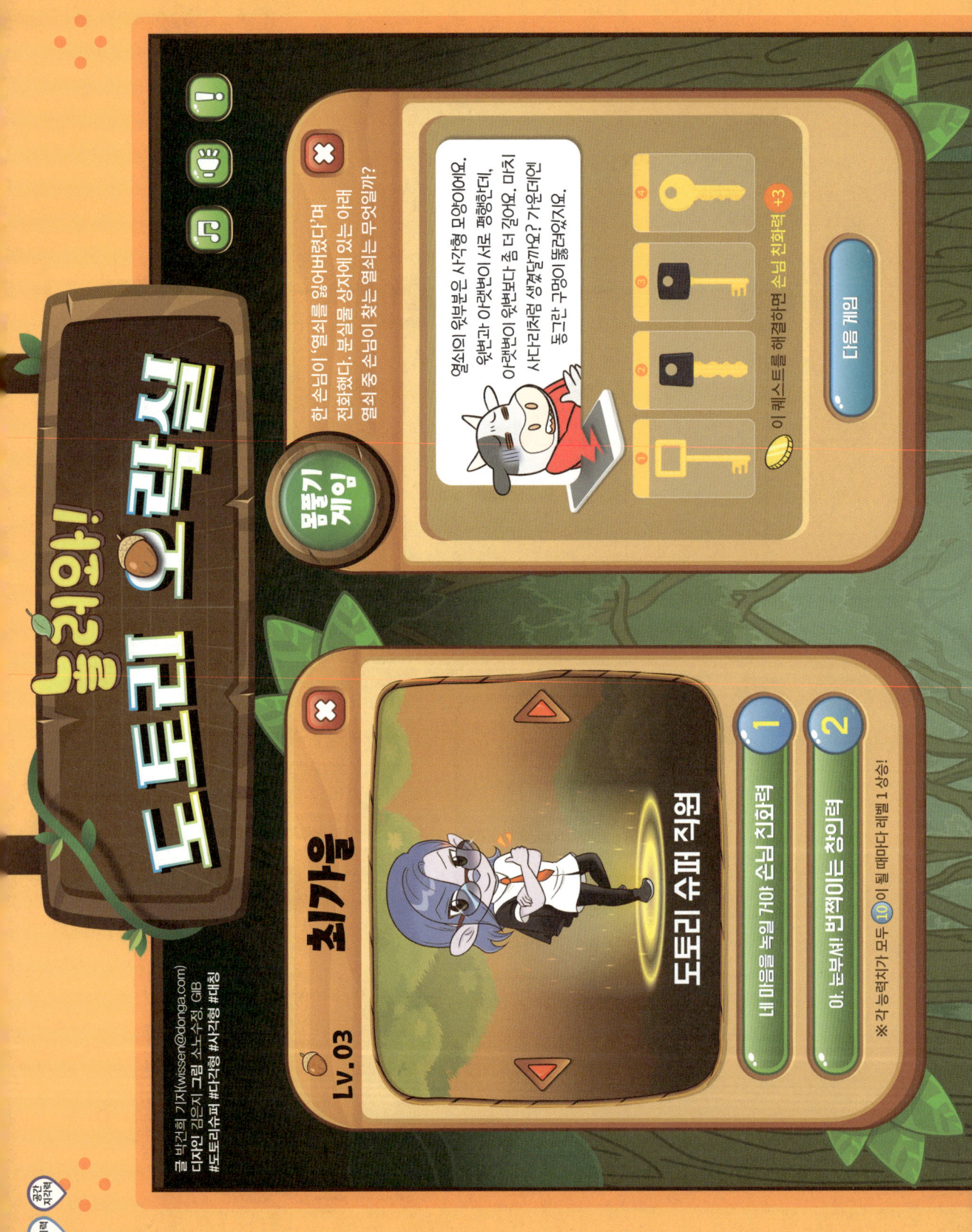

대칭을 아름답게! 완성된 모양은?

가을은 작품을 만들어 솜에게 선물하려고 한다. '수학 전재'답게 선대칭을 이용해 아름다운 모양을 만들려는 가을! 아래 대칭축의 오른쪽이 왼쪽과 선대칭이 되도록 색칠하면 어떤 모양이 완성될까?

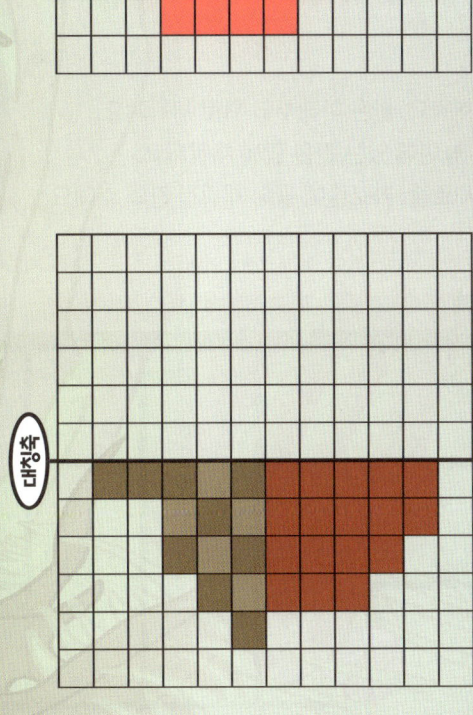

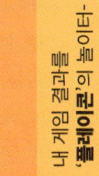

선대칭이 되려면 대칭축을 기준으로 좌우를 접었을 때 양쪽의 도형이 완전히 겹쳐져야 해.

대칭축을 기준으로 오른쪽에 색칠해야 할 네모 칸의 개수는 왼쪽에 색칠된 것과 같아야 돼. 빈칸과 색칠된 칸을 잘 구별해야겠어.

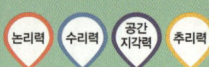

말랑말랑 두뇌 퍼즐

두뇌의 다양한 영역을 개발하고 사고력을 키우는 데 퍼즐이 매우 유용해요. 논리력과 수리력, 공간지각력, 관찰력을 키우는 퍼즐을 통해 두뇌를 자극해 보세요!

글 조현영 기자(4everyoung@donga.com)
이미지 shutterstock
퍼즐 한국창의퍼즐협회
#물_채우기 #가쿠로 #알파벳링크 #매직_피라미드

논리 퍼즐
물 채우기

검정색 굵은 선으로 나뉜 공간에 물을 채워요. 물은 아래부터 위로 채워져요.
물의 성질에 따라, 한 공간 안에서 같은 높이에 있는 칸은 함께 채워져요.
맨 아래와 오른쪽에 적힌 숫자는 각각 세로줄, 가로줄에 물이 채워진 칸의 수예요.

예시

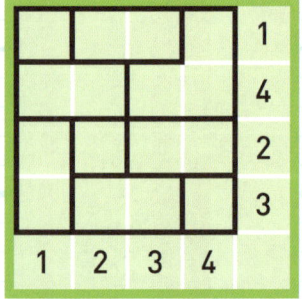

예시 정답

문제

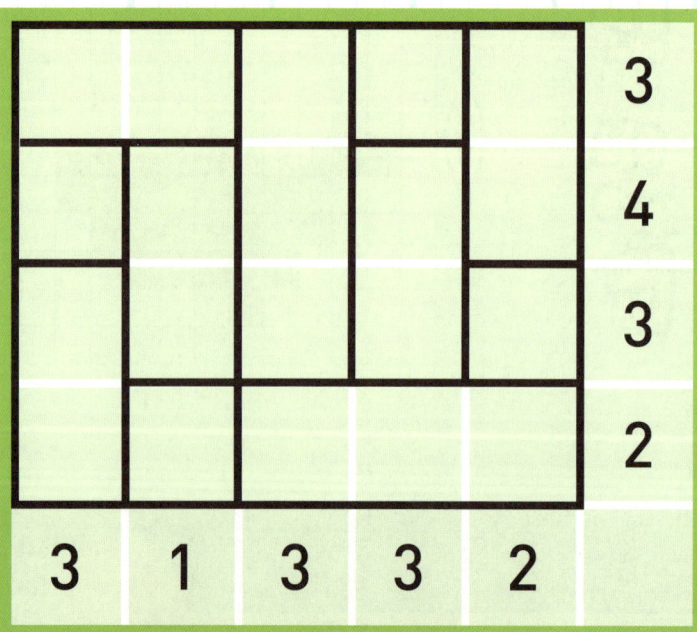

수리 퍼즐

가쿠로

흰색 빈칸에 주어진 수 중 하나를 골라 씁니다. 모든 수를 다 쓰지 않아도 되고, 같은 수가 여러 번 들어갈 수도 있어요.
단, 흰색 칸의 가로줄과 세로줄에는 같은 수가 반복되지 않아야 해요(대각선으로 잘린 칸은 예외).
연두색 칸에 적힌 수는 그 줄의 수들을 더한 값이에요.

예시(주어진 수 1, 2, 3, 4, 5)   예시 정답

문제(주어진 수 1, 2, 3, 4, 5, 6)

대각선으로 잘린 칸은 그 칸의 오른쪽 두 칸을 더한 값이에요.

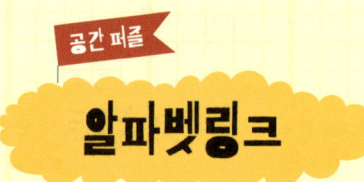

알파벳링크

같은 알파벳끼리 연결해요. 모든 점을 한 번씩 지나야 하고, 선이 교차하거나 맞닿으면 안 돼요.

예시

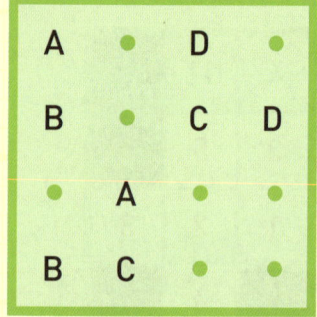

예시 정답

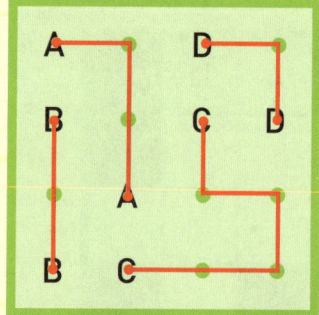

문제

모든 점을 한 번씩 지나가야 해.

삼각형 모양을 만드는 모든 원에 주어진 수가 한 번씩만 들어가도록 채워요.
각 삼각형의 한 변에 들어가는 세 수의 합은 모두 같아요.

예시(주어진 수 1, 2, 3, 4, 5, 6) **예시 정답**

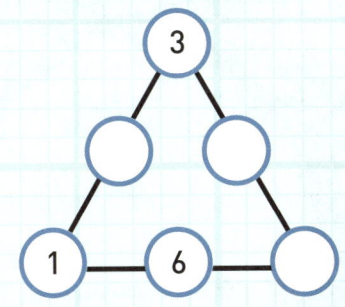 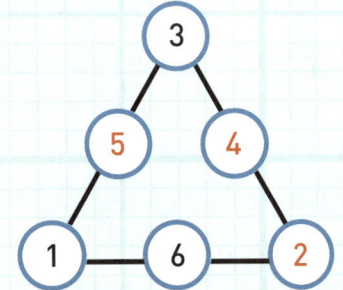

문제(주어진 수 1, 2, 3, 4, 5, 6, 8, 9)

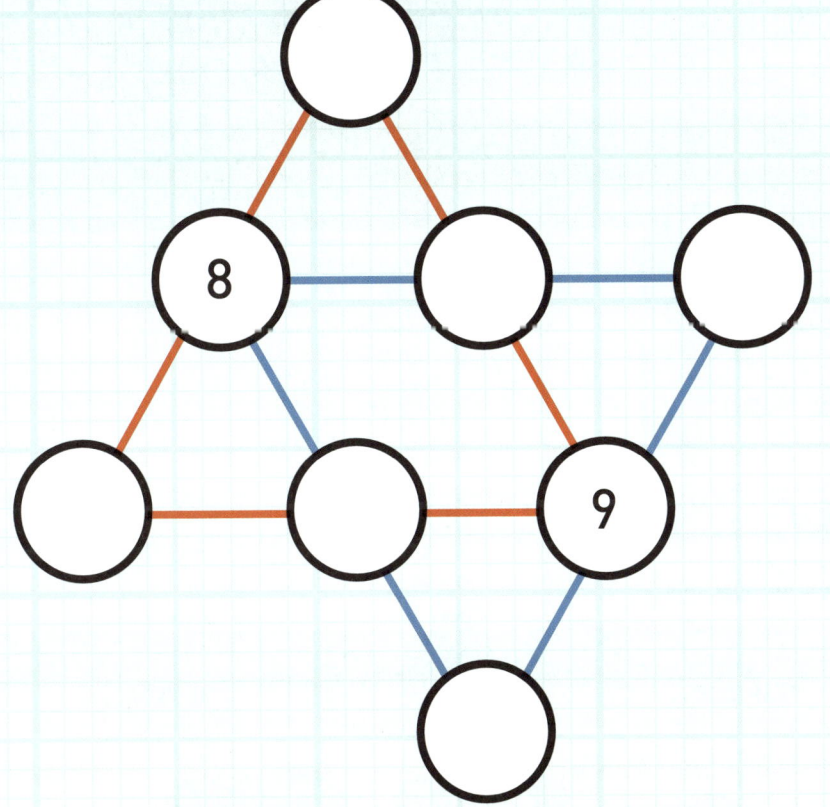

파란 삼각형의 한 변 위에 있는 세 수의 합은 14야.

어수동네 놀이터

담당 조현영 기자
(4everyoung@donga.com)

'**플레이콘**'에 놀러오세요!
놀이터-어린이수학동아 게시판에 나의 놀이북 활동을 자랑해요. 추첨을 통해 독자 여러분께 선물을 드립니다!
<어수동> 속 재미있는 퀴즈와 게임의 정답도 플레이콘에서 확인할 수 있어요.

오늘의 챔피언
장하라
(m9941050)

삼각형으로 만든 세모집!

미션 장면 뒤에 어떤 일이 벌어질지 자유롭게 그려주세요!

그림 미션

내 이름은 샘이야. 두루마리에 깃들어 있는 신씨 가문의 수호신이지. 네가 어려움을 겪는 것 같아서 처음 나와봤어.

알고 싶은 수학 문제가 있다면 내가 도와줄게!

한지 앞에 나타난 샘이!
수학 문제 푸는 걸 도와준다고?

똥! 화장실이 급하다! **사욱진(skylove99na)**

'놀러와! 도토리 오락실' 너무 재미있었어요!
이서헌(honey__0430)

평범한 집에 다각형 바퀴를 달아주었어요!
김서은(gusqkr7)

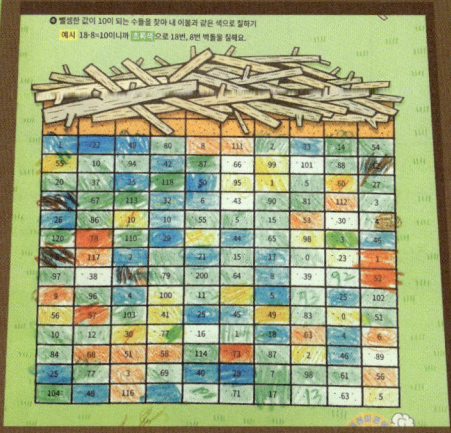

색칠할 때 힘들지만 재미있었습니다. **김나영(ny3900)**

도전! M 체스 마스터

M 체스 세계에선 전투가 한창이에요. 체스는 암산 능력, 수치 해석 능력, 상황 판단 능력 등 전략적 사고력을 키우는 데 도움이 되지요. M 체스 세계의 전략 문제를 풀고, M 체스 마스터로 거듭나 봐요!

8×8 체스 경기장

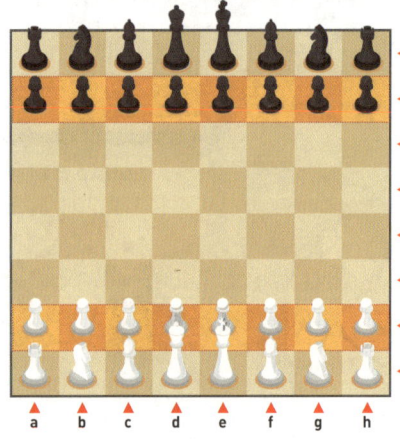

체스판의 세로줄인 '파일'은 왼쪽부터 순서대로 a, b, c, d, …h로 읽고 가로줄인 '랭크'는 맨 아랫줄부터 순서대로 1~8의 숫자를 붙여요. 기물 위치는 파일의 알파벳과 랭크의 숫자 조합으로 표시하지요. 체스가 시작될 때 흰색 퀸은 d1에, 검은색 킹은 e8에 있지요.

처음에는 앞으로 1칸 또는 2칸 이동하고, 그 이후에는 앞으로 1칸씩만 이동함. 공격할 때는 대각선 앞에 놓인 상대편 기물만 공격할 수 있음.

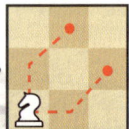

앞뒤나 양옆 중 한 방향으로 한 칸 움직인 다음, 그 방향의 대각선 왼쪽 또는 오른쪽으로 한 칸 더 움직임. 다른 기물을 뛰어넘을 수 있음.

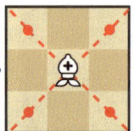

대각선 방향으로 원하는 만큼 움직임.

앞뒤와 양옆 직선 방향으로 원하는 만큼 움직임.

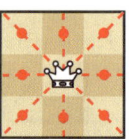

앞뒤, 양옆 직선 방향과 대각선 방향 어디로든 원하는 만큼 움직임.

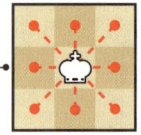

체스판에서 끝까지 지켜야 하는 왕. 앞뒤, 양옆 직선 방향과 대각선 방향으로 한 칸씩만 움직일 수 있음. 킹이 공격받는 상황에서 더이상 피할 수 없게 되면 게임이 끝남.

폰 1점

나이트 3점

비숍 3점

룩 5점

퀸 9점

킹 무한대

체스 기물의 가치 점수

혼자 힘으론 역부족! 기물 부족 무승부

체스에서 목표는 상대 팀 킹을 체크메이트*하는 거예요. 그런데, 양팀이 서로 체크메이트 할 수 있는 기물이 부족한 경우에는 경기를 더 이상 이어갈 수 없어요. 이를 '기물 부족 무승부'라고 하지요. 남은 기물이 ❶ 킹 vs. 킹 ❷ 킹+비숍 vs. 킹 ❸ 킹+나이트 vs. 킹 이렇게 세 가지 경우일 때 자동으로 기물 부족 무승부가 돼요.

글 최송이 기자(song1114@donga.com) 콘텐츠 권세현 한국 체스 챔피언 디자인 김은지 일러스트 이민형
#체스 #기물 ##체스 #기물 #기물_부족 #무승부

권세현
한국 체스 챔피언

전세계적으로 인정받는 체스 선수의 명예 중 하나인 FM(Fide Master) 타이틀을 가지고 있어요. 2018년부터 현재까지 한국 체스 챔피언 자리를 이어오고 있어요.

용어 설명
체크메이트* 킹이 공격받는 상황에서 더는 피할 수 없을 때를 말해요.

체크메이트 할 기물이 없어!

퀸이나 룩은 킹과 자신만 남아있어도 상대 킹을 체크메이트 할 수 있지만, 나이트와 비숍은 킹과 자신만 남은 경우 상대 킹을 체크메이트 할 수 없어요. 폰은 상대 팀 진영 가장 끝줄에 도착하면 퀸이나 룩으로 승진하여 킹을 체크메이트 할 수 있지요. 즉, 상대 팀이 킹만 남았을 때, 우리 팀이 킹과 나이트 또는 킹과 비숍만 남으면 '기물 부족 무승부'가 돼요. 아래 체스판에서 d3에 있던 흰색 퀸이 e4에 있던 검은색 룩을 공격하며 e4로 이동했어요. 이제 흰색 팀은 킹만 남았고, 검은색 팀은 킹과 나이트 1개가 남아 기물 부족 무승부가 돼요.

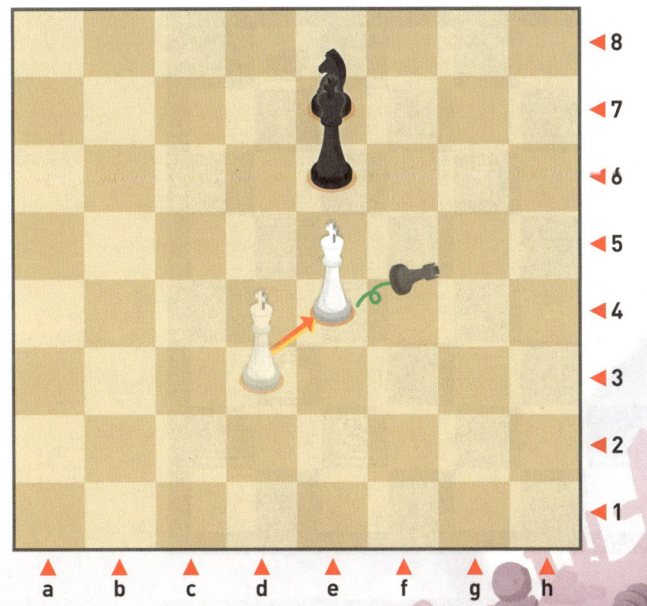

도전! M 체스 마스터 전략 퀴즈

  흰색 기물의 차례예요. 표시된 비숍으로 검은색 팀을 공격하자 기물 부족 무승부가 되었어요. 비숍은 어떤 기물을 공격했을까요?

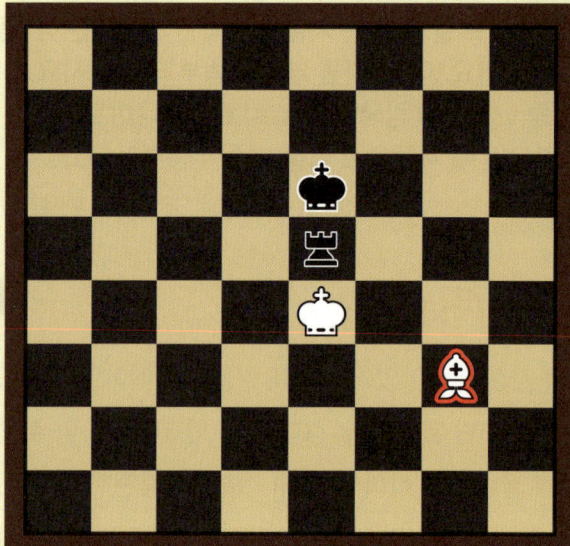

혼자서는 킹을 잡을 수 없어.

흰색 기물의 차례예요. 표시된 킹으로 검은색 팀을 공격하자 기물 부족 무승부가 되었어요. 킹은 어떤 기물을 공격했을까요?

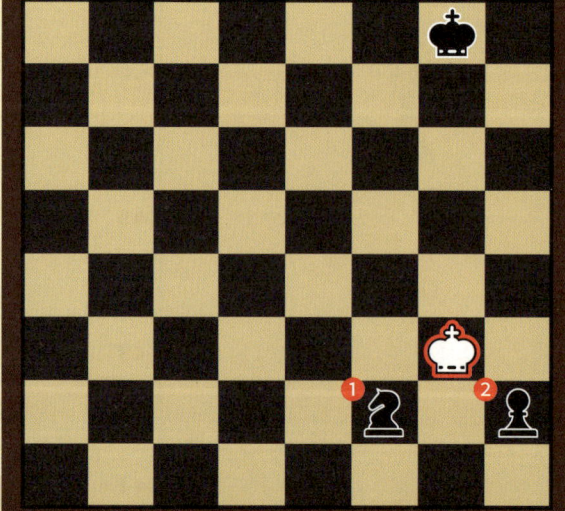

어떻게 해도 킹을 공격할 수 없군.

21~22쪽에서 나만의 마스터 카드를 완성해 봐!

기물 부족 무승부 마스터 카드

M 체스 마스터가 되려면 노력과 인내의 시간을 거쳐야 하지. 기물 부족 무승부를 배운 너희에게 M 체스 마스터 카드를 줄게. 앞으로도 체스 전략을 익히고 카드를 열심히 모으면 M 체스 마스터가 될 수 있을 거야. 오른쪽 카드에는 너희가 생각하는 '킹을 잡지 못하는 비숍'과 '킹을 잡지 못하는 나이트'의 모습을 자유롭게 그리고 특징을 적어줘!

#체스 #행마법 #말 #기물 #기물_부족_무승부

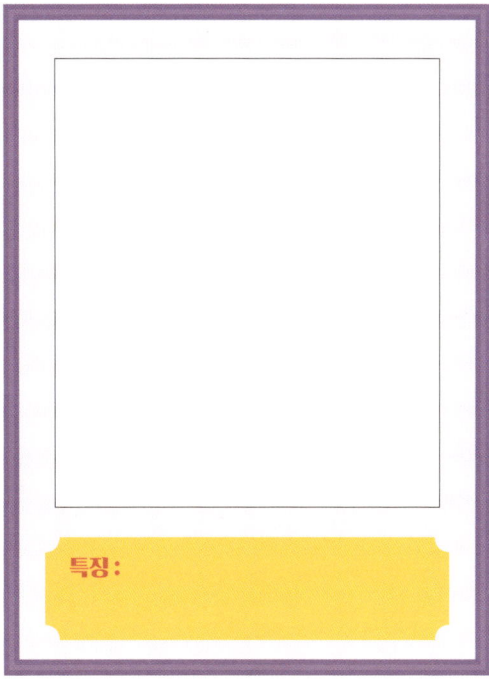

특징:

특징:

김사랑 국가대표가 알려주는 **체스 비법**

오른쪽 카드엔 항저우 아시안게임 체스 종목 최연소 국가대표인 김사랑 선수가 알려주는 체스 전략이 담겨있어. 왼쪽 카드에는 너희만의 체스 전략을 써 줘. 나만의 M 체스 마스터 카드를 완성해서 '플레이콘'의 놀이터-어린이수학동아 게시판에 올리면 추첨을 통해 선물도 준대!

킹을 잡지 못하는 비숍

나만의 체스 전략을 만들어 보세요!

킹을 잡지 못하는 비숍

전략 1 흰색 팀의 차례예요. 흰색 비숍이 d4로 이동해 검은색 킹을 '체크'해도, 검은색 킹은 g8로 피할 수 있어요. 어두운 칸에 있는 비숍은 밝은 칸을 공격할 수 없으므로 흰색 비숍은 검은색 킹을 체크메이트 할 수 없지요. 흰색 팀은 킹과 비숍이 남아있어 더 유리해 보이지만, 킹과 비숍만으로는 체크메이트를 할 수 없어서 결국 '기물 부족 무승부'가 돼요.

킹을 잡지 못하는 나이트

나만의 체스 전략을 만들어 보세요!

킹을 잡지 못하는 나이트

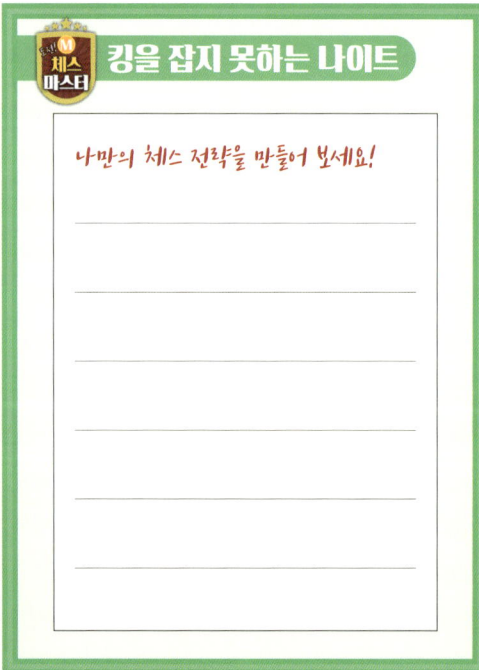

전략 2 흰색 팀의 차례예요. 검은색 킹은 오포지션(킹과 킹이 서로 만날 수 없다는 약속)으로 인해 아래 칸이나 아래쪽 대각선으로 움직이지 못해요. 이때 흰색 나이트가 b6이나 c7로 움직여 '체크'하면, 검은색 킹은 b8로 피하게 되지요. 검은색 킹은 나이트의 공격을 항상 피할 수 있으므로 흰색 팀은 체크메이트를 할 수 없고, 무승부가 돼요.

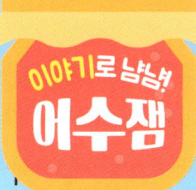

나뭇가지로 사각형 표지판 만들기

실선을 따라 도안을 오린 다음 놀이북 6쪽에서 표지판을 만들어 보세요.

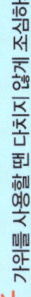
가위를 사용할 땐 다치지 않게 조심하세요.

MEMO

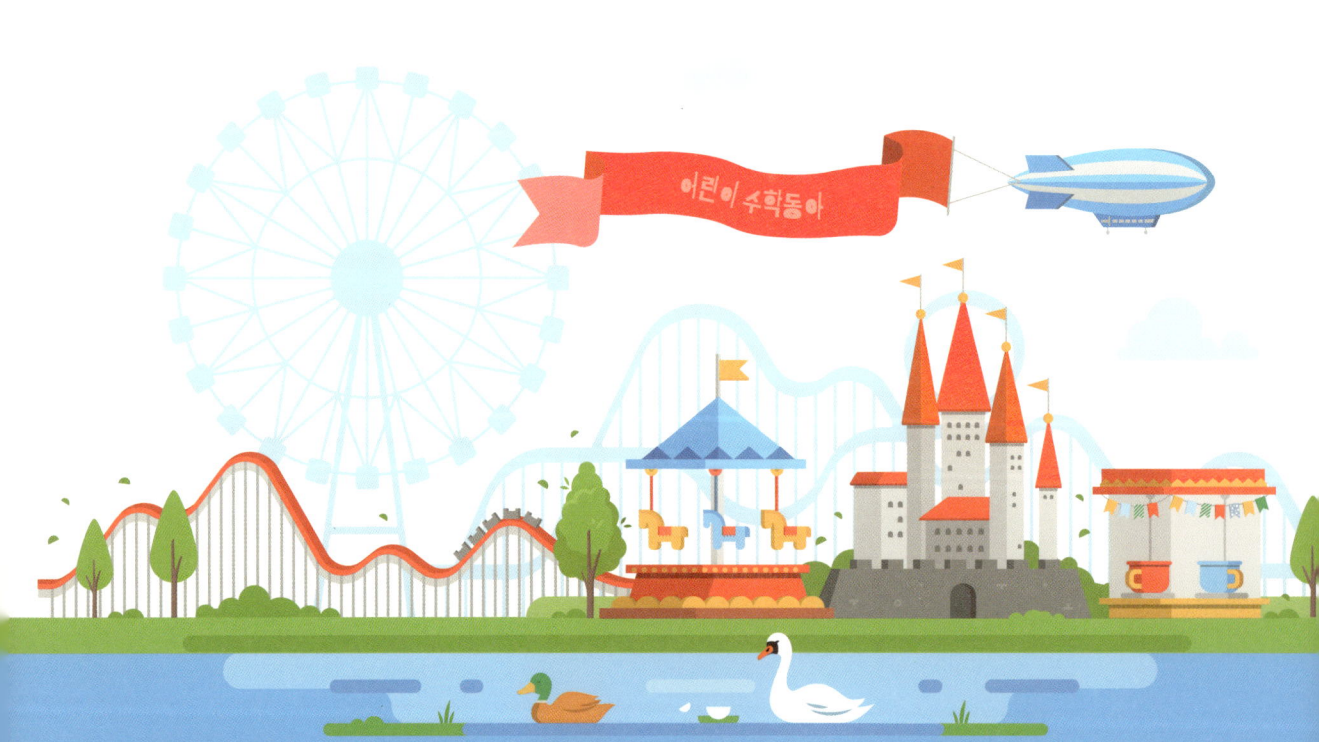

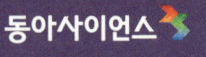

www.popcornplanet.co.kr

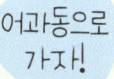

어린이 수학동아

2023년 5월 15일 초판 1쇄 발행

지은이 어린이수학동아 편집부
펴낸이 장경애
본부장 고선아

편집 최은혜, 최송이, 박건희, 조현영, 최은솔
디자인 오진희, 김은지
마케팅 이성우, 홍은선, 유유석, 전창현, 이고은

일러스트 동아사이언스, 연지, 밤곰, 서정선, 냠냠OK, 김태형, 이민형
사진 게티이미지뱅크(GIB), 위키미디어(W)
인쇄 북토리

펴낸곳 동아사이언스
출판등록 제2013-000081호
주소 (04370) 서울특별시 용산구 청파로 109 7층
전화 (02)6749-2002
홈페이지 www.dongascience.com
www.popcornplanet.co.kr

이 책에 실린 글의 저작권은 어린이수학동아 및 저자에게 있습니다.
무단전재와 무단복제를 금합니다.

ⓒ동아사이언스